POLARIS

W0173564

EVA KUROWSKI

GOTT SCHMIERT KEINE STULLEN

EINE KINDHEIT ZWISCHEN LENIN, JAZZ UND LEBERWURST

ROWOHLT POLARIS

1. Auflage März 2012
Copyright © 2012 by Rowohlt Verlag GmbH,
Reinbek bei Hamburg
Dieses Buch erschien 2008 unter dem Titel
«Avanti Popoloch» im assoverlag.
Für die vorliegende Ausgabe wurde der Text überarbeitet
und erweitert sowie um Bildmaterial ergänzt.
Umschlaggestaltung
HAUPTMANN & KOMPANIE Werbeagentur, Zürich
(Foto: Sascha Kreklau)
Satz aus der Arno Pro, InDesign,
bei Pinkuin Satz und Datentechnik, Berlin
Druck und Bindung CPI – Clausen & Bosse, Leck
Printed in Germany
ISBN 978 3 86252 026 8

INHALT

ICH ALS KAWENZMANN

Es begann damit, dass mein Vater, der ein begeisterter Trompeter, Marxist und Graphiker war, einen Samenerguss hatte, und zwar in meiner Mutter. Das hat man mir wenig später ganz ausführlich in einem progressiven Kinderaufklärungsstück vom freien Theater ‹Rote Grütze› so erklärt.

Meine Mutter fing sofort an zu stricken, denn sie war im Kloster auf einer Haushaltsschule gewesen.

Da ihr nicht schlecht war und sie auch keine Pickel hatte, dachte sie, dass es ein Mädchen wird, und wählte rosa Wolle für den Strampelanzug. Später gesellte sich ein blauer Streifen dazu, was ein paar Mückenstichen zu verdanken war, die sie fälschlich als Pickel interpretierte. Das rosa Wollmützchen bekam dann auch ein blaues Streiflein, da hatte sie eine verdorbene Pastete gegessen und kotzte wie ein Reiher.

Mein Vater wollte, dass ich von Anfang an politisch korrekt, frei und progressiv erzogen werden sollte, denn er war sehr stolz auf meinen Opa, der als Kommunist während der Nazizeit im Gefängnis gesessen hatte.

Als es im Oktober 1965 endlich so weit war, gingen wir in das Städtische Volkskrankenhaus in Essen, wo die Hebamme schon mit ihrem Werkzeug wartete. Mit Hammer und Sichel wurde ich entbunden und von der gewerkschaftlichen Bergmannskapelle mit einem Schalmeien-Ständchen begrüßt.

Das Herz meines Vaters schwoll an, als er sah, dass ich zum Kampfe bereit die linke Faust geballt hielt.

Als Zeichen der Solidarität sollte ich den hebräischen Namen Eva bekommen, man nannte mich aber ‹Kawenzmann›, denn ich war dick und befand mich im Ruhrgebiet.

Genau gesagt: in Oberhausen. Das liegt zwischen Essen, Duisburg und Mülheim.

Das sind so Städte wie Dortmund, Herne und Wanne-Eickel.

Immer wenn man mich aus dem Wagen hob, hörte ich: «Bohr, watt 'n Kawenzmann!»

Nach einiger Zeit hielt ich das für meinen Namen.

Als man mich später nach meinem Namen fragte, sagte ich Wenze, denn ich konnte das K noch nicht, also hieß ich Wenze.

Manchmal sogar Wenzeremos.

Meiner Mutter war inzwischen egal, wie ich hieß, denn ich sollte eigentlich ihre Natascha werden. Natascha Kurowski, die berühmte Primaballerina.

Meine Mutter hatte diese romantischen Träume, die sie mit mir verwirklichen wollte. Alle Frauen in Oberhausen haben versucht, sich wegzuträumen, und viele nannten ihre Töchter nach irgendwelchen Schlagern. Die Mädchen auf unserer Straße wurden dann auch von ihren Müttern lautstark bei ihrem Schlagernamen gerufen:

«Aaa-nii-taa!!! Essen kommen!!!»

Dann war ich aber doch keine Natascha geworden, mein Vater hatte sich durchgesetzt. Nun hieß ich erst mal Kawenzmann, sollte aber trotzdem Primaballerina werden.

Meine Mutter glaubte nämlich sehr stark an ihre Träume. In ihrer Phantasie hat sie immer richtig weit vorausgedacht.

So überredete sie sogar den Kinderarzt, die Impfungen

ihres Kawenzmanns lieber unter die Achselhöhle machen zu lassen, damit man später im Fernsehen bei den Nahaufnahmen keine Impfnarbe am Oberarm sehen würde. Da der Name verpflichtet, wurde ich ordentlich gefüttert, und bald hielt ich auch, was der Name versprach: Ich war richtig schön dick.

Eine richtig dicke Primaballerina. Der Arzt meinte aber, ich würde abnehmen, wenn ich anfing zu laufen.

Meine Mutter dagegen versuchte sofort, wieder richtig schön dünn zu werden. Mit der Brigittediät erlangte sie dann auch schnell wieder ihre alte Figur zurück, die mein Vater ihr angeblich versaut hatte. Die Schwester meiner Mutter hieß nämlich Brigitte. Und mit der Brigitte stritt sie immer so, dass es ihr auf den Magen schlug. Dann war meine Mutter sauer und konnte nichts essen. Dabei sah sie auch nach der Geburt immer noch aus wie ein wunderschöner Storch, aber in den Modezeitschriften, die sie las, wurde gerade Magersucht modern. Von da an meinten alle Frauen, sie wären zu dick.

Mein Vater fand, dass wir uns bilden sollten, und las uns abends aus ‹Die Frau und der Sozialismus› von August Bebel vor, wobei wir gut einschliefen. Dann verließ er mit seiner Jazztrompete leise das Haus, um sich in den Essener Jazzclubs für wenig Geld die Nächte um die Ohren zu blasen. Früh am Morgen sah er dann auch ganz schlimm aus. Das war eine unheimlich schwere Arbeit, von der sich mein Vater nur langsam erholte. Trompete ist nämlich ein sehr anstrengendes Instrument. Meine Mutter und ich dagegen waren um sieben in der Früh schon ausgeschlafen und voller Tatendrang. Besonders meine Mutter hatte am frühen Morgen so viel Energie, dass sie erst mal die komplette Wohnung durchsaugte. Wenn sie dann das Schlafzimmer fertig gesaugt hatte, stand mein Vater auf und ging zum Frühstücken in die Küche, damit sie die Betten machen konnte.

Während er dann am Küchentisch frühstückte, hat meine gewissenhafte Mutter, egal wie kalt es draußen war, schnell noch das Küchenfenster geputzt und fing auch schon an zu kochen. Mittagessen.

Meine Mutter konnte das alles unheimlich gut und perfekt.

Mittlerweile hatte mein Vater fertig gefrühstückt und wollte am liebsten noch gemütlich eine Weile in der Badewanne liegen und Zeitung lesen. Aber auch im Bad hatte meine Mutter schon feucht durchgewischt. Sie wirkte inzwischen sehr angespannt, doch das verminderte nicht ihren Elan. Erhitzt vom Putzfieber, kochte sie innerlich wie eine Dampflok vor lauter Saubermach-Wut. Ich erinnere mich deutlich an das Geklirre der Gläser im Schrank, wenn sie durch die Bude stampfte.

Also setzte sich mein Vater besser gleich nach dem Frühstück ungewaschen an seinen Zeichentisch, wo er versuchte, uns mit politischen Karikaturen zu ernähren, die er an progressive Zeitungen verkaufte. Er konnte an einem Morgen fünf lustige Zeichnungen erfinden. Er war richtig berühmt, und seine Zeichnungen wurden ständig kopiert und weitergedruckt, ohne dass er davon etwas wusste. Er war immer total überrascht, wenn er mal wieder eine Zeitung von den Jusos oder den Gewerkschaften aufschlug und seine Zeichnungen darin sah. Die Jusos wurden von der SPD kurzgehalten, und die Gewerkschaften waren auch noch nicht so mächtig. Die konnten sich vielleicht gar nicht leisten, meinem Vater die fünfzig Mark für eine Zeichnung zu bezahlen. Also hat er unheimlich oft umsonst für «die gute Sache» gearbeitet.

Dann rief er bei den Zeitungen an und ließ sich erklären, warum seine Arbeit nicht bezahlt wurde. Das machte ihn ein wenig traurig, und darum übte er Blues auf der Trompete bis zum Mittagessen. Er badete einfach am Nachmittag in Ruhe. Da traf sich meine Mutter nämlich mit meiner Tante, und sie gingen mit mir Teita machen und Gagacks füttern im Kaisergarten.

Manchmal machte mein Vater auch für den kleinen kapitalistischen Volkswagenhändler am Bahnhof die Schaufensterdekoration.

Der Volkswagenhändler war eigentlich ganz in Ordnung, wenn man den besser kannte. Und mein Vater kannte den. Als Fotomodell nahm er einfach meine Mutter.

Meine lange, schlanke Mutter, die mit ihrem schlichten Kostüm, den Pfennigabsätzen und der Turmfrisur dem Schönheitsideal der sechziger Jahre entsprach, setzte sich auf den Kotflügel des neuesten Käfers, um dort von meinem Vater anspruchsvoll mit einem Schwarzweißfilm fotografiert zu werden. Die riesigen Abzüge hat er auf große Tafeln geleimt und diese im Schaufenster zwischen den Autos an Nylonfaden aufgehängt, was sehr modern und elegant aussah.

Der Volkswagenhändler hat dadurch bestimmt ein paar Autos mehr verkauft und ist ganz reich geworden. Doch meinem Vater hat er von dem vielen Geld nur einen ganz kleinen Teil abgegeben. Genau dagegen zeichnete mein Vater dann Karikaturen.

Damit hat er aber nicht so viel Geld verdient wie bei dem VW-Händler.

Die Bosse zeichnete er immer in Anzügen und die Arbeiter mit Arbeitshelmen und Latzhosen. Das hatte zur Folge, dass ich später überhaupt nicht verstand, was die Gewerkschaftsfunktionäre auf den 1.-Mai-Kundgebungen zu suchen hatten, denn sie trugen Anzüge und die Arbeiter jubelten ihnen trotzdem zu.

Am ersten Mai versuchte mein Vater, das eingebildete Figurproblem meiner Mutter durch die langen Protestmärsche der Arbeiterbewegung zu lösen, aber sie hatte bald schon keine Lust mehr mitzukommen. Mein Vater dagegen war im Demonstrieren richtig sportlich und aktiv bei der Sache.

Sogar in den Achtzigern noch zog er mit der Friedensbewegung zu Gewaltmärschen los. Am Ende wurde ihm das

lange Wandern aber auch zu anstrengend, und so beschallte er später die Ostermarschgänger der Friedensbewegung mit seiner Jazzband von einem mitfahrenden Lastwagen.

Da hat er dann auch etwas zugenommen.

Meine Mutter ging derweil lieber tanzen, denn auch sie liebte die Musik. Als mein Vater sie dabei ertappte, wie sie heimlich beim Bügeln Radio Luxemburg hörte und alle Schlager fehlerfrei mitsingen konnte, fand er, dass wir doch so viele gute Schallplatten hatten und darum das Radio gar nicht brauchten. Mein Vater besaß nämlich eine riesige Sammlung amerikanischer Blue-Note-Jazzscheiben von politisch korrekten Afroamerikanern, die dreißig Jahre später sehr wertvoll wurde, aber das wussten nur ganz wenige.

Er erklärte meiner Mutter, dass er entsetzt sei über ihren Musikgeschmack. Dazu öffnete er das Küchenfenster und schmiss das Radio auf den Hof, wo es in seine Einzelteile zerlegt den Grundstein bildete für ein Jugend-forscht-Programm.

Meine Mutter war aber nicht so gut in Physik und konnte deshalb mit dem Radio gar nichts mehr anfangen.

Eine Woche darauf landete neben dem Radio der Fernseher unserer von Sozialhilfe lebenden Nachbarn. Sie hatten am Morgen grade die Stütze abgeholt und erst mal eine Stange Ernte 23, einen Kasten Bier, Flasch' Korn und auch Kartoffelchips und Cola für die Kinder eingekauft. Der Ärger des Nachbarn bezog sich aber nicht auf den Inhalt des Fernsehprogramms, sondern die Bude hatte schon zu, und das Bier war alle.

Die Nachbarskinder Anita, Monika, Männi, Flipper und Bonanza kamen daraufhin öfter zu uns, um die Schlager in der Hitparade und die Fernsehserien, nach denen sie benannt waren, anzuschauen. Meine Mutter litt sehr unter dem Verlust des Radios. Sie tröstete sich mit Arztromanen und beschloss bald, Krankenschwester zu werden.

Meine Mutter hatte im Zweiten Weltkrieg keine schöne Kindheit in Danzig gehabt, und auch sie träumte von einer besseren Welt. Mein Vater holte sie jedoch immer wieder aus ihren Träumen heraus, indem er ihr schreckliche Dinge aus der Zeitung vorlas, von denen sie lieber gar nichts wissen wollte. Sie konnte das alles emotional nicht verkraften und sehnte sich nach geordneten Verhältnissen und einer heilen Welt.

Mein Vater hingegen gab sich nicht mit seinen Träumen

zufrieden, er wollte für eine bessere Welt kämpfen. Er war hingerissen von der wilden Studentenbewegung der sechziger Jahre: Hier konnte er sich intellektuell austoben und genoss die Freizügigkeit, die ein Künstler brauchte, um inspiriert zu sein.

Er entdeckte seine Leidenschaft für Aktmalerei und FKK-Urlaub, den meine Mutter wiederum gerne mitmachte, denn sie hatte sehr viele schöne selbstgenähte Kleider, die sie streifenfrei und wie die amerikanischen Hippies ohne BH tragen wollte, um modern zu sein. Da trafen sich also endlich doch die Geschmäcker.

Aber um in den sechziger Jahren etwas Farbe zu bekommen, waren wir gezwungen, das Ruhrgebiet zu verlassen, denn Tausende von Schloten und Schornsteinen sorgten mit ihren Rußpartikeln für eine flächendeckende Dunstglocke, die das Sonnenlicht bis zu achtzig Prozent abfilterte. Bei Smog sogar zu neunundneunzig Prozent. In allen Städten stank es gleich schrecklich. Das kam durch die Stahlindustrie. Überall wurde unter Tage nach Kohle gewühlt. Das komplette Ruhrgebiet wurde ausgehöhlt, um den Stahl zum Schmelzen zu bringen. Die ganze Kohle wurde an Ort und Stelle verbrannt.

Das Rauchen in der Öffentlichkeit war noch nicht verboten, und so rauchte es aus allen Schloten. Übrig blieb die Schlacke.

Jeder musste den Dreck inhalieren, auch die Nichtraucher, die in den Hütten und Zechen arbeiteten und dort in den Zechensiedlungen lebten. Aber der Dreck zog gerechterweise gleichmäßig über das gesamte Ruhrgebiet, und so mussten auch die reichen Industriellen an der Ruhr die krebserregenden Partikel einatmen.

Trotzdem hielten sich die Essener für die Besseren, mit

ihrem Stadtwald, der Universität, der Folkwangschule oder ihrem Grugapark und der Ruhr, Schlösschen hier, Schlösschen da ... Dabei sah es in den Wohnvierteln der normalen Leute genauso dreckig aus wie in den anderen Städten auch. Das kleine Mülheim an der Ruhr hielt sich sogar für am Besten und machte auch bei all dem Gestank auf heile Welt und Naturidylle. Da wohnten dann die Industriellen, die durch das Dreckmachen Millionäre geworden waren, in den pompösen Villen am verträumten Ruhrufer. Als deren Kinder aber auch Krupphusten bekamen, hat Mülheim als erste Stadt aufgehört mit der Wühlerei nach Kohle und dem ganzen Dreck.

Ehrlicher waren da die Duisburger. Die hatten ihre Dreckschleudern mitten in der Stadt stehen, wie die Oberhausener auch.

Oberhausen war mit die ehrlichste Stadt von allen.

Hier war es so richtig scheiße, und niemand bemühte sich, das Gegenteil zu behaupten. Oberhausen liegt zwar mitten im Ruhrgebiet, hat aber überhaupt keine Ruhr. Stattdessen haben die Oberhausener den gradlinigen Rhein-Herne-Kanal mit der parallel daneben fließenden und unwahrscheinlich stinkenden Emscher anzubieten. Wir sagten Köttelbecken, und das stimmte sogar. Die gesamten Fäkalien des Ruhrgebiets flossen als zähflüssige Masse dort hinein. Möwen flogen über das Köttelbecken und pickten irgendetwas aus der dampfenden Brühe heraus. Das war aber auch romantisch. Möwen im Fäkalnebel. Eine ehrliche Romantik.

Auf dem Kanal wurde ununterbrochen Kohle und die nach Teer stinkende Schlacke verschifft. Und direkt neben dem Kanal mit dem Köttelbecken lag der wunderschöne Kaisergarten mit rosa Schlösschen und Tierpark. Dort wurden neben Hirschen, Ziegen, Meerschweinchen und Eseln auch Wölfe, Füchse und Wildschweine gehalten, die mit ihrem strengen Geruch dafür sorgten, dass der auf Erholung angewiesene Oberhausener Malocher die Scheiße aus der Emscher nicht so stark roch. Daran hat sich bis heute nichts geändert, bloß dass nicht mehr so viel Scheiße in der Emscher schwimmt.

Der Kaisergarten war und ist der schönste Ort von ganz Oberhausen.

Rings um den Kaisergarten herum gab es Industrie. Der riesige Gasometer warf seinen Schatten über alles, überall standen dampfende Kühltürme herum, und die stinkende Schlacke wurde unermüdlich zu immer größer werdenden Bergen aufgetürmt.

Ein paar alte Häuserzeilen waren im Krieg nicht zerbombt worden. Je nachdem, wo sie standen, waren die verschnörkelten Fassaden entweder mit frischen Farben bepinselt, oder sie waren schwärzlich braun und bröselten so vor sich hin.

Hier und da standen auch noch ein paar halbe Gebäude herum, und man konnte genau sehen, was die da für Tapeten hatten.

Der Rest der Stadt war hastig nach dem Krieg mit hässlichen Häusern zugebaut worden, und überall ragten Fördertürme, Hochöfen und Kühltürme auf. Am Abend fing der Himmel an zu leuchten, und man sah glutrote Dampfwolken aufsteigen.

Das nannte sich Abstich. Die Menschen betrachteten es wie ein einzigartiges Naturereignis und versuchten, es schön zu finden. Solange es rauchte und stank, hatten sie Arbeit. Es wurde gefackelt, was das Zeug hielt. Hier lebte man, um zu arbeiten. Und als in den achtziger Jahren die Kohle nach hundert Jahren Buddelei endlich abgebaut war und der Dreck aufhörte, kamen die Holländer mit ihren Bussen über Oberhausen gerollt, um sich auf den Schlackebergen zu erholen. Auf der Schlacke geht man heute spazieren und freut sich über die künstlichen Gebirgslandschaften. Die wurden nämlich begrünt. Dort wachsen jetzt Mischwälder auf dem Dreck. Da wandern jetzt die Holländer, und anschließend shoppen sie im Oberhausener Centro, dem Einkaufsparadies. In Bottrop kann man inzwischen sogar auf künstlichem Schnee einen künstlichen Schlackeberg runterrodeln. Das ist natürlich auch sehr interessant für Holländer. Die haben da ja alles flach. Die Oberhausener fahren auch weiterhin zu den zwei Brüdern von Venlo und kaufen da ihren Kaffee.

Aber das sollte erst dreißig Jahre später geschehen. Bis dahin musste noch einiges an Kohle und Erz verschlackt werden, um die Berge so schön hinzukriegen.

Damals war Oberhausen jedenfalls noch eine ehrlich stinkende Ruhrgebietsstadt.

Wir mussten also verreisen, um braun zu werden.

Natürlich war das Reiseziel das sozialistische Jugoslawien, in dem Tito Staatschef war. Und so sollte ich eine völlig andere Welt kennenlernen.

JUGOSLAWIEN

Zum ersten Mal sah ich richtig blauen Himmel. Zum ersten Mal hörte ich Zikaden und roch das Meer.

Wir fuhren die Küste entlang und stellten fest, dass die kroatischen Lkw-Fahrer total englisch fuhren. Besonders in den Kurven kamen sie uns ständig auf unserer Spur entgegen. Da entdeckten wir auch schon die Inseln, Krk und Brač, und irgendwann landeten wir auf einer, die hieß Hvar.

Eine Fähre brachte uns auf diese schöne lange schmale Insel, die für den kollektiven Lavendelanbau berühmt war. Wir bereisten die Insel mit unserem alten Mercedes, dessen Rost die Vergänglichkeit des kapitalistischen Systems zum Ausdruck brachte.

Auch wenn die Asphaltierung plötzlich aufhörte und der weitere Weg einen breitgetretenen Eselspfad darstellte, war für meinen Vater und seinen Pioniergeist die Fahrt noch lange nicht zu Ende. Auf einem rostroten sozialistischen Schotterweg trafen wir schließlich auf ein riesiges schwankendes Bündel Reisig.

Unter dem Reisig war Maria, die noch neun Kilometer Weg bis zu ihrem kleinen grauen Dorf aus Felsstein vor sich hatte, wo sie versuchte, sich zu Hause zu fühlen. Wir packten ihr Reisigbündel auf das Autodach, nahmen Maria mit und versuchten, ihren Geruch romantisch zu finden.

Der Geruch des Dorfes dagegen bestand aus der wirklich

romantischen Mischung von Eselkot, Lavendel, Ziegenstall, Essig, verbranntem Geäst und den auf Steindächern trocknenden geschwefelten Feigen und Weintrauben. Das Dorf war aus dem felsigen Boden gebaut worden, auf dem es stand.

Die Häuser mit ihren aus grauem Fels geschlagenen Dachpfannen waren von weitem unsichtbar. In einem der verwinkelten grauen Steinhäuser mit kleinem Innenhof wohnte Maria mit ihrem Mann Marin und dem Geist ihres betrunkenen, bei einem Autounfall ums Leben gekommenen Sohnes.

Da ich eine Windel trug, brauchte ich nicht auf das Plumpsklo zu gehen, sondern ich ließ einfach laufen. Meine Mutter wollte auch nicht da drauf, also ging Maria mit ihr in den Ziegenstall. Dieser erwies sich als hygienischer. Sie selbst ging auch immer zum Pinkeln hierher, da es hier nicht so viele Fliegen gab.

In dem felsgrauen Innenhof aus Naturstein führte eine lange massive Außentreppe in die Küche hinauf, aus der es nach Essig und Maria roch.

Maria hackte Weißkohl, Kartoffeln und Knoblauch und kochte daraus für uns eine Suppe, die sie mit Paprikapulver rot färbte. Dazu gab es ein wirklich leckeres Weißbrot.

Dann saßen wir an dem großen Tisch, auf dem ein Wachstuch mit klebrigem Blumenmuster haftete, und aßen alles auf, hungrig, wie wir waren. Meine Mutter erzählte uns auf einmal von ihrer Kindheit in Danzig, als dort Krieg war.

Mein Vater fand die Suppe einfach lecker.

Zum Nachtisch gab es Pelinkovac, das ist Pflaumenlikör.

Maria hatte ihrem Sohn früher Mohnsamen in ein Tüchlein gebunden, es in Pelinkovac getaucht und ihm diesen selbstgebastelten Schnuller zum Einschlafen gegeben.

Das hatte ihr als Baby auch schon geholfen, doch so hatte sich ihr Sohn schon sehr früh an Alkohol gewöhnt, und seine Zähne hatte er auch verloren. Das erfuhren wir, als Maria so was für mich basteln wollte. Aber ich hatte glücklicherweise nie Schlafprobleme und brauchte keine Drogen. Mir reichte ein normaler Schnuller.

Marin ging mit meinem Vater die Treppe hinunter in den Innenhof, wo es unter der Senke des Steinbodens eine Zisterne gab, aus deren Tiefe sie nun einen Blecheimer voller Regenwasser zogen, um sich nach dem Essen die Hände und das verschwitzte Gesicht zu waschen. Schräg gegenüber der Räucherkammer, in der die Eselswürste hingen, die Maria sonntags in die Kohlsuppe schnibbelte, lag der Eingang zu Marins Weinkeller. Hierher kam ein uralter Essiggeruch, der durchs ganze Haus zog. Durch ein flaches Gewölbe, wo sich alle außer mir bücken mussten, ging man eine Rampe hinunter und kam in einen unheimlich dunklen kühlen Raum, in dem sich die Erwachsenen sofort wohl fühlten, denn sie fanden es draußen in der Mittagssonne stickig und heiß. Darum konnte man hier neben den alten Holzfässern an einem kleinen Tisch sitzen und hatte sogar Strom, erklärte uns Marin, der das Licht an- und ausmachte, indem er mehrmals hintereinander die Schnur mit dem Schalter an der Glühbirne über unseren Köpfen zog.

Obwohl mein Vater auf Jugoslawisch nur «dobro – *gut*» wusste, verstanden sich die beiden prima, weil Marin ein hochbegabter und leidenschaftlicher Schauspieler und Pantomime war. Von nun an saßen die beiden ständig dort und «redeten».

Marin sprang wild gestikulierend in dem niedrigen Gewölbe umher und ließ sich nach jedem Erfolgserlebnis, wenn er endlich verstanden wurde, erschöpft auf den Stuhl fallen, um dort eine glückliche dramaturgische Pause einzuhalten.

Er füllte mit dem Schlauch aus dem Fass durch mutiges Ansaugen die Gläschen auf, und dann wurde auf ex gekippt.

Diesen Wein konnte Marin nur deshalb vertragen, weil er von Kindesbeinen daran gewohnt war. Der war nämlich sehr sauer, und Marin hatte Jahr für Jahr ein riesiges Fass, das wegmusste.

Natürlich wollte er auch alles über uns in Deutschland wissen, und so begann mein Vater auch mit der Schauspielerei, wobei Marin ihn zwang, ständig zu trinken.

Mein Vater versuchte zwar, von dem sauren Wein zu trinken, aber sosehr er auch trainierte, er musste sich immer wieder übergeben.

Währenddessen waren meine Mutter und ich oben mit Maria in der Küche, um zu bewundern, was für eine tolle handbetriebene Pumpe sie am Spültisch hatte.

Mit dem eisernen Hebel konnte man das Wasser durch mehrmaliges kräftiges Hin- und Herwuchten aus der Zisterne im Innenhof hoch in die Küche pumpen, worauf Maria sehr stolz war. Dann zeigte sie uns das Zimmer ihres verstorbenen Sohnes, in dem wir schlafen sollten. Es sah aus wie ein Schlafzimmer mit einem Jesusbild über dem breiten Bett. Als einziges Möbelstück stand ein einfacher Schrank an der Wand, der unwahrscheinlich stark nach Mottenkugeln roch und diesem Raum eine saubere Atmosphäre verlieh, was sich auf meine Mutter beruhigend auswirkte. Wir bekamen weiße Tücher aus dem Schrank, um uns zudecken zu können, und Maria fegte noch eine große Spinne hinaus. Sie kloppte mit ihrem Schlappen einmal feste drauf und nahm glücklich lachend das große verendete Tier von der Sohle. Dann warf sie es wegen seiner düngenden Eigenschaften in den mit Erde gefüllten Fünf-Liter-Olivenölblechkanister, der draußen auf der Steintreppe stand. In dem Kanister versuchten Geranien zu wachsen, um alleinverantwortlich den Innenhof zu schmücken, was ihnen trotz der kärglichen Rahmenbedingungen irgendwie gut gelang.

Am frühen Mittag ritten wir immer auf Marins Muli zum Kiesstrand hinunter, um dort in der Abgeschiedenheit zu baden. Das Muli wurde mit einem Holzgestell gesattelt, auf dem ein dicker Teppich lag. Dann führte Marin das Muli an die Treppe. Meine Mutter stand auf der fünften Stufe und wurde mit der Hilfe meines Vaters, der von unten schob, mühsam draufgesetzt.

Nun wurde das Tier noch mit den Strandtaschen und Luftmatratzen beladen und mit einem zusammenklappbaren Laufstall für mich aufgemotzt. Endlich kam ich an die Reihe und wurde auf den Schoß meiner Mutter gesetzt, denn ich konnte noch nicht laufen.

Der Weg zum Strand war so tierisch steil, dass nur das Muli ihn gehen konnte. Für meinen Vater war auf dem Muli leider gar kein Platz mehr. Er kam trotzdem mit.

Wir klapperten also gemeinsam zum Dorf hinaus.

Mein Vater führte das Lasttier am Zügel, als plötzlich ein Lastwagen angerast kam, aus dem laute Musik dröhnte, die den Fahrer ordentlich in Stimmung brachte und von seiner Fahruntüchtigkeit ablenkte. Als Reaktion auf solch ein ungewöhnliches Ereignis riss sich das Muli los und rannte mit meiner Mutter und mir immer im Kreis um meinen Vater herum, der nach einer Ewigkeit schließlich aufgab und weglief, um Marin zu holen. Vor Marin hatte das Muli solchen Respekt, dass es sofort stehen blieb, da es keine Lust auf Schläge hatte.

Das intelligente Tier hat uns dann durch die stacheligen Büsche den steilen Pfad hinunter zum Kiesstrand getragen, wo wir unter einer Schilfüberdachung warteten, bis mein zerkratzter Vater endlich auch unten ankam.

Das Muli war so schnell unten, weil es gesprungen und teilweise gerutscht ist, was mein Vater bei diesem steilen Weg auf nur zwei Beinen gar nicht konnte, weil er sich sofort überschlagen hätte.

Die Fischer des Dorfes hatten eine Schilfüberdachung am Strand errichtet, um dort im Schatten ihre Netze zu flicken.

Dort wurde das Muli abgestellt.

Meine Mutter hat sich in der kleinen Bucht mit dem Kiesstrand gerne nackt gesonnt, und mein Vater fand das auch gut.

Obwohl man hier am Strand stundenlang allein war, konnte es aber passieren, dass plötzlich Marin kam, um mit seinem kleinen Holzboot zum Fischen hinauszufahren.

Dann schrie meine Mutter erschreckt auf und zog sich schnell etwas über.

Hier im Dorf, in der Abgeschiedenheit vom Rest der Welt, haben sich die Leute nie voreinander nackt ausgezogen. Viele im Dorf trugen sogar immer dieselben Sachen und wuschen sich wohl auch nie. Oder sie machten im Schlafzimmer sofort das Licht aus, zogen heimlich im Dunkeln ihre Nachthemden an und stiegen schnell ins Bett.

Wahrscheinlich hatten Marin und Maria noch nie nackte Leute gesehen. Sich selbst eingeschlossen. Die offiziellen FKK-Strände, weswegen Jugoslawien unter Nudisten so beliebt war, befanden sich ja nur neben den Hotelanlagen der größeren Orte.

Marin war jedenfalls neugierig geworden und kam öfter zum Fischen als sonst, um zu gucken. Aber manchmal kam auch Maria in ihrem verblichenen schwarzen perlhuhngemusterten Kittelkleid völlig verschwitzt den steilen Hang hinunter zum Kiesstrand und schritt langsam damit ins Meer, um sich abzukühlen.

Sie stand bis zur Schulter im Wasser, das durchsichtig war wie eine Glasscheibe, und erfreute sich an der Kühlung ihres dampfenden Körpers.

Dann schwenkte sie ihr verschwitztes Kopftuch in dem kühlen Nass, wrang es aus, wusch sich damit das Gesicht und ging in dem nassen Kleid wieder hoch in die Nachmittagshitze, um auf dem Feld Weintrauben zu ernten. Zwischen den Felsen im Schatten stand mein Laufstall, aus dem ich stehend die Bucht betrachtete.

Es wurde einsilbig mit dem Muli am Strand. Marin und Maria arbeiteten den ganzen Tag auf dem Feld, und meine Eltern vermissten ihre jungen sozialistischen Freunde, die bei den Jusos waren. Alles ganz normale Leute. Der eine war Journalist, der andere Fotograf, eine Kunstlehrerin war dabei und ein Schweißer von der Gewerkschaft, der später sogar Finanzminister von Nordrhein-Westfalen geworden ist, alles ganz normale Jusos. Wie mein Vater.

Mein Vater konnte seine Freunde mit Hilfe von Dias, die er mit seiner teuren komplizierten Kamera machte, bald da-

von überzeugen, ebenfalls an diesem ärmlichen einfachen Ort mit ihren Frauen und Kindern Urlaub zu machen.

Die Dorfbewohner waren so froh, dass überhaupt Leute aus dem Ausland den Weg hierher fanden, dass sie fast gar kein Geld haben wollten. Fast jeder war bereit, sein Schlafzimmer zu vermieten und für ein paar Wochen in der Küche zu schlafen.

Marins Weinkeller im sozialistischen Jugoslawien füllte sich mit Jungsozialisten aus Oberhausen, sein Weinfass wurde geleert, man lieferte sich zur allgemeinen Verständigung großartige Pantomimevorstellungen, und die Frauen kletterten mit den Kindern den steilen Pfad zum Baden hinunter und versuchten, sich dort heimlich nackt zu sonnen.

Nicht ganz selbstlos versuchte sich mein Vater auch als Missionar, indem er ein WC anstelle des Plumpsklos installierte und sogar probierte, Zahnbürsten einzuführen.

Allerdings wurde das WC all die Jahre nur von uns benutzt, weil es so schön sauber war und sie es nicht schmutzig machen wollten. Dafür gab es nun im Ziegenstall unglaublich viele Fliegen. Über die Zahnbürste lachte sich Marin halb tot und äffte meinen Vater nach, der ihm zeigte, wie man sie benutzt.

Marin machte sich gerne auf Kosten der blassen Jusos lustig, und die Jusos fanden das sehr unterhaltsam, denn er zeigte vollen Körpereinsatz, um seine Verachtung auszudrücken.

Beim Anblick der verweichlichten Deutschen mit ihren zarten Schreibtischfingern, der rosigen Kinderhaut und ihren empfindlichen akademischen Frauen fühlte sich Marin zunehmend stark und männlich, womit er nicht hinterm Berg hielt und so manche überzeugende Showeinlage darbot. Um zu zeigen, wie gut seine Zähne seien, ging Marin zum Kühlschrank und holte eine große frische Sardine heraus, die er am Nachmittag gefangen hatte, und aß sie roh mit Kopf und Gräten. Dabei sah er meinen Vater triumphierend an. Mit einem großen Glas Wein spülte er sie hinunter.

Dann verschränkte er die Arme hinter seinem Rücken und bückte sich nach unten. Plötzlich biss er in ein Stuhlbein und wuchtete den einfachen Holzstuhl mit einem Ruck über den Kopf und ging, langsam und wie ein Seiltänzer nach oben blickend, die Außentreppe hinunter. Im Innenhof drehte er – den Stuhl zwischen den Zähnen hoch über dem Kopf balancierend – langsam und mit ausgebreiteten Armen ein paar stolze Runden. Die Hühner, die sich auf den

Innenhof verlaufen hatten, flohen mit aufgeregtem Geschrei, und nur ein verwunderter Hahn mit ebenfalls geschwollenem Kamm stolzierte gemeinsam mit Marin um die Wette.

Marin führte hochkonzentriert eine behutsame Pirouette aus, wobei er dramatisch in die Knie ging und sich wieder aufrichtete. Blitzschnell hatte sich das herumgesprochen, und die Dorfbewohner eilten sekundenschnell herbei und erfüllten die Luft mit aufgeregtem Geschrei, denn sie hatten noch keine Fernseher.

Wenige Jahre später saß Marin auf dem Stuhl in der Küche hinter einem Vorhang und aß Suppe mit eingeweichtem Zwieback, denn es fehlten ihm eine Menge Zähne.

Er sah plötzlich aus wie ein uralter Mann. Für meinen Vater war das kein schöner Sieg. Als Zeichen der Versöhnung vertrug mein Vater von nun an den Wein besser und trank mit Marin um die Wette, der aber ohne Zähne den Wein noch schneller kippen konnte.

EIN WEIBLICHES BOOT NAMENS FEMINA

Am Strand wurde es für meine Eltern und ihre nackten Freunde immer hektischer, denn ständig kam Marin den Hang hinuntergeschlichen, weil er angeblich nach den Netzen im Schuppen sehen wollte oder sonst was.

Er hatte immer irgendeinen Grund, uns plötzlich zu überraschen, und allmählich wurde sogar Maria sauer. Wir hörten sie am Abend im Schlafzimmer, wie sie laut mit Marin schimpfte, und am nächsten Tag kam Marin nicht zum Strand.

Er wartete einfach ein paar Tage, bis die nudistischen Frauen auch nicht mehr mit ihm rechneten und sich sicher fühlten.

Dann konnte er sich noch besser ranschleichen.

Im nächsten Jahr hatte mein Vater ein zusammengefaltetes großes graues motorisiertes Schlauchboot mitgebracht.

Es wurde einen ganzen Tag lang am Kiesstrand aufgeblasen.

Endlich konnten wir es mit unseren nackten Freunden vollladen und auch in die Buchten fahren, die von Land aus nicht zu erreichen waren. Dort fanden richtig tolle Partys statt, und es wurde sogar am Strand gegrillt. Einmal waren die nackten Freunde meiner Eltern, alles ganz normale Leute, stockbesoffen und total ausgelassen.

Als der Salat umkippte, der in einer großen Plastikschüssel angerichtet wurde, und der Inhalt auf dem nackten Bauch einer Kunsterzieherin landete, gab es einen großen Tumult.

Plötzlich rieben sich alle gegenseitig mit Salat ein, was ihnen große Freude bereitete, denn sie kreischten und lachten und waren vollkommen aus dem Häuschen. Total albern! Danach gab es noch eine ordentliche Wasserschlacht, ebenfalls begleitet von hemmungslosem Geschrei.

Es war sehr gut für mich, das zu beobachten, denn es bereitete mich auf den antiautoritären Kinderladen vor, den ich besuchen sollte.

Das Schlauchboot wurde leider in einem harten Winter

auf Marins Dachboden komplett von den anspruchslosen sozialistischen Mäusen im Kollektiv gefressen.

Mein Vater war plötzlich Kapitän ohne Schiff. Er hatte aber Seeluft geschnuppert und stand nun unter dem Zwang, sich für tausend Mark – das war für einen Künstler sehr viel Geld – ein Boot zu kaufen, auf dem wir den Urlaub verbringen sollten. Er bekam das Boot von einem Hobby-Kapitän aus Essen, dem es für den Baldeneysee zu seeuntüchtig war, denn es hatte keinen Kiel und trieb bei leichtem Seitenwind ab. Man hätte den Motor auch seitlich anbringen können, dann wäre es genauso gut quer gefahren. Eigentlich hatte mein Vater nur den sechzig PS starken Motor gekauft und bekam das Boot dazu geschenkt. Es besaß aber eine kleine Kajüte, die man ausbauen konnte, und war fast fünf Meter lang.

Ich fand's riesig. Es hatte alles genau meine Maße. Hier konnte man prima sechs Wochen lang zu dritt wohnen und Urlaub machen, dachte ich.

Um es seetüchtig für die Adria zu machen, schraubte mein Vater einfach ein langes Holzkiel drunter, verspachtelte alles mit Polyester und baute schnell noch die Kajüte mit einem kleinen Klappschränkchen, einem Bett, einer Kochecke und sogar einem winzigen Toilettenhäuschen aus. Schließlich war er der Sohn eines Schreiners. Dann macht man so was.

Auch die Freunde meines Vaters waren nicht faul und trumpften mit einem noch etwas kleineren Kunststoffbötchen auf, das sie als Trotzkisten sogar zu viert bewohnen wollten.

Inzwischen war meine Mutter Krankenschwester geworden.

Sie verbrachte ihre Freizeit an ihrer mich abends in den

Schlaf summenden Nähmaschine, um unaufhaltsam Burda-schnittmuster in eine immer größer werdende Garderobe zu verwandeln, die sie vor dem Urlaub samt Bügeleisen in zwei riesigen Reisekoffern unterzubringen versuchte. Meine Eltern stritten sich schon während des Einpackens, denn mein Vater wollte nicht zugunsten der Koffer meiner Mutter auf die Paletten Leberwurstkonserven und Championcreme-suppen verzichten.

Nachdem der alte Mercedes mit kochendem Kühler das Boot über den Wurzenpass gezogen hatte und wir es nach langer strapaziöser Fahrt entlang der Adriaküste auf der Insel

Hvar zu Wasser ließen, versuchten wir, es uns auf dem Boot gemütlich zu machen.

Aber nach nur wenigen gemeinsamen Tagen auf dem kleinen, mit Koffern überfüllten Boot landete die Mutter samt ihrem Gepäck in einer kleinen preiswerten Pension, da für ihre Koffer auf dem Boot absolut kein Platz war. Von nun an war eine deutliche Veränderung zu spüren: Meine Mutter verbrachte Stunden damit, sich in dem kühlen sauberen Zimmer zu duschen und sich die Haare aufzudrehen und ihre schönen Kleider aufzubügeln. Sie ging abends allein tanzen, denn mein Vater konnte ja die jugoslawische Tanzmusik nicht ertragen, ihm wurde sogar schlecht davon. Schlagermusik, egal aus welchem Land, verursachte bei ihm Brechreiz. Da ging sie einfach allein tanzen.

Allein?

Meine Mutter tanzte natürlich nicht lange allein!

Noch Jahre später bekam sie von den einheimischen Tanzpartnern heiße Liebesbriefe und sogar mal eine Schallplatte mit jugoslawischer Tanzmusik nach Deutschland geschickt. So doll hatte sie den Jugoslawen beim Tanze den Kopf verdreht, dass die sich nun ihr rustikales Dasein als Fischer oder Schiffsmonteur mit meiner bildschönen blonden Mutter in ihren Phantasien zu bereichern versuchten. Morgens kam sie mit ihren aufgedrehten Locken zum Hafen und aß mit uns zwei zerzausten, verknubbelten Seeleuten auf dem kleinen schwankenden Boot Leberwurstbrote.

Mein Vater nannte das Boot Femina, weil für Seeleute die Schiffe weiblich sind. Leberwurst ist übrigens auch weiblich. Wir fuhren zum Baden mit der Femina zu einer winzig kleinen Insel, die Czecevo heißt. Die Insel, die zur einen Hälfte mit einem Kiefernwäldchen bewachsen war, hatte die Form

einer Niere, und es gab am Anlegesteg eine kleine Freilicht-
taverne, wo man was trinken konnte.

Pipi, so hieß die jugoslawische Fanta, die durfte ich trinken.

Aber amerikanische Coca-Cola war für mich aus politischen und gesundheitlichen Gründen absolut tabu.

Sobald ich einigermaßen sprechen konnte, habe ich als
Erstes eine Stunde lang geschrien: «Ich will Coca-Cola haben!»

Mein Vater blieb eisenhart. Keine Cola. Immer nur Pipi.

Für die Erwachsenen gab es Pivo, das ist jugoslawisches
Bier. Und Vino, das ist Wein. Man konnte aber auch Salat
und sogar Schinkenplatten bestellen.

Auf dieser Insel machte man Freikörperkultur. Alle nackt.

Die Leute saßen nackt im Schatten der Kiefern auf den
geflochtenen Plastikschnüren der Stühle an den Tischen,
aßen Schinkenplatten und gingen mit einem lustigen Muster auf dem Schinken an den Felsstrand, um sich dort natur-
verbunden zu fühlen.

Meine Mutter lag also nackt auf den glatten Felsen, dachte an den Inhalt ihrer Koffer und überlegte ganz entspannt,
was sie am Abend anziehen wollte. Dabei wurde sie total
braun.

Sie erfand eine interessante Schwimmtechnik, die ihre
Beine kräftigte und es ihr ermöglichte, fast den halben
Oberkörper vom Wasser fernzuhalten, damit die Locken
nicht nass wurden.

Ich hätte ihr auch meine Schwimmflügel geliehen, aber
sie beherrschte diesen Schwimmstil einfach perfekt. Sie war
sehr sportlich. Die Haare blieben immer trocken. Mein Vater saß im Boot unter der selbstgenähten Sonnenpersenning,
hörte Jazz und malte.

DER DRACHE, OMA MARTHA UND OPA WILLI

Bevor sich meine Eltern irgendwann trennten, stritten sie natürlich unaufhaltsam.

Ich reagierte darauf, indem ich unbewusst die Luft anhielt und blau anlief, was zur Folge hatte, dass die Beziehung noch jahrelang bestand, da man gemeinsam darum bemüht war, mich am Leben zu halten. Der Arzt vermutete Asthma und Krupp-Husten, denn wir wohnten in Oberhausen direkt neben den Hochöfen an einem Zechengelände mit verseuchtem Boden. Hier hatten alle Kinder Husten. Man kam mir also nicht auf die Schliche.

Wir fuhren sogar extra wegen mir zu dritt an die holländische See, wo ich es schaffte, mich zu erkälten und so richtig krank zu werden. Da hat man mich für drei Monate in die Kur geschickt, ins Kleinwalsertal. Als ich zurückkam, waren neue Möbel in meinem Zimmer, und alle waren lieb und lachten, denn ich sprach bayerisch. Und mein Asthma war auch wie weggeblasen. Das hatte ich alles mit meinen drei Jahren schon ganz gut hingekriegt.

Dieser psychologische Trick war vielleicht genetisch von meiner Oma Jablonski mütterlicherseits an mich vererbt worden.

Wenn die sich von ihrer Familie vernachlässigt fühlte, aß sie Cremetorte und trank dazu ausgelassenen Speck, was ihre Zuckerwerte hochschnellen ließ, bis sie Diabetes bekam. Und von der Krankenkasse bekam sie dann Zuckergeld. Sie hatte nämlich nur eine ganz kleine Rente.

Dann klingelte das Telefon, und wir bekamen einen Anruf von einer vorwurfsvollen Krankenschwester, die behauptete, die Oma wäre ganz krank und wir müssten kommen. Wir fuhren sofort hin, obwohl wir große Angst vor ihr hatten.

Die Oma war nämlich ein Drache, sagte mein Vater. Und zwar ein sehr starker und großer schlesischer Drache. Und sie nannte meinen Vater immer «diesen Kommunisten!», wenn sie mit meiner Mutter in ihrer schrillen Kopfstimme über ihn sprach.

Wenn wir dann am Krankenbett standen, rollte sie mit der Zunge: «Ich sterrrrbe und keinerrr kommt!»

Dann sah sie mich, hob mich schweren Kawenzmann auf die andere Seite des Bettes und rollte weiter: «Das Evchen ist aberrr auch wiederrr grrroß geworrrden!»

Ich war aber auch schon fast vier. Da ist man schon groß.

Wir besuchten sie sogar in ihrer Wohnung, wenn sie nicht gerade starb.

Dann lief sie jammernd herum, sah eine Welle im Teppich und hob mal eben den schweren Wohnzimmerschrank mit einer Hand hoch, um die Welle mit dem Fuß darunterzuschieben. So stark war sie! Dann jammerte sie weiter. Sie wollte uns etwas anbieten, indem sie uns ihren leeren Kühlschrank zeigte. Da sie wegen des Diabetes nichts mehr essen dürfe, sei der Kühlschrank leer, und sie könne uns leider nur diesen Blick hinein anbieten.

Als mir mein kleiner Ball, mit dem ich spielte, unter das Sofa gerollt war, fand ich dort Käse, Butter und eine leckere Torte.

Ich sagte: «Oma, guck mal, da hast du ja was zu essen!»

Dann wurde doch noch Kaffee getrunken und Kuchen gegessen.

Ich durfte auch schon mal bei ihr schlafen. Sie hatte ein großes Bett mit riesigen Paradekissen aus Synthetikspitze und passender Tagesdecke. Abends zog sie ein Nachtgewand an, in dem sie aussah wie eine Kaiserin, und bahrte sich auf den Spitzenkissen auf. So ruhte sie dann bis zum Morgen auf ihrer Heizdecke, die sie bei einem Kreuzworträtsel gewonnen hatte. Meine Oma besaß nämlich ein Lösungsbuch, mit dem man alle Rätsel lösen konnte. Sie war ganz schön schlau. Jeden Monat gewann sie irgendetwas.

Manchmal kam sie uns auch besuchen. Meine Mutter war als Kind in einer Klosterschule untergebracht worden, wo sie perfekte Haushaltsführung lernte, die sie nun bei den Besuchen meiner Oma anbringen wollte. Unsere Künstlerbude war blitzblank, der Tisch festlich gedeckt, und dann ging's los: Suppe, erster Gang, zweiter Gang, Nachtisch, alles vom Feinsten nach einem exklusiven Diabetikerkochbuch gekocht. Der Drache aß alles auf, ging auf die Toilette und kam zurück mit den Worten: «Ich habe alles von mirrr gegeben!» Meine Mutter weinte verzweifelt, und mein Vater ging daraufhin sofort ins Badezimmer, um zu kontrollieren, ob er etwas Säuerliches riechen konnte: Nix. Reine Boshaftigkeit, und die ist geruchlos.

Meine Mutter war unglaublich beruhigt, als das herauskam, denn das Essen war wirklich sehr gut und auch teuer gewesen.

Mein Opa Willi väterlicherseits wohnte mit meiner kleinen Oma Martha, die Eintopf kochen konnte, in Kettwig, in der Nähe von Essen, einem alten Dorf an der Ruhr.

Er hatte sich mitten in der verhutzelten Altstadt in einem Fachwerkhaus, aus dessen Dach ein Baum herauswuchs, eine Schreinerwerkstatt eingerichtet. Meine Oma hätte an dieser Stelle gesagt: «Als wolle er sagen, na? Guck mal, wie groß ich bin, ja?!» Also der Baum. Denn bei meiner Oma wollten nämlich immer alle was sagen. Die Pflanzen und besonders die Tiere redeten durch die Zunge meiner Oma. Wir gingen zum Entenfüttern an die Ruhr, und die Ente legte den Kopf schief, als wollte sie sagen: «Na? Hast du noch was Leckeres?»

Das war immer lustig. Ihre Lieblingsgeschichte rührte aus ihrer Kindheit in Ostpreußen, wo ihre Mutter als Magd auf einem Gutshof gearbeitet hatte.

Dort gab es auch Pferde, und die Oma war einmal auf eines hinaufgeklettert. Nach einer Runde hielt das Pferd plötzlich an und senkte den Kopf, als wollte es sagen: «Na? Jetzt kannst du an meinem Hals wieder runterrutschen!» Darüber konnte meine Oma sich immer wieder kaputtschmunzeln.

Das war ein ganz einfacher harmloser Humor damals, über den man heute nicht mehr lachen kann. Aber früher waren die Leute noch nicht so abgestumpft und auf Schadenfreude getrimmt, wie man heute so ist. Sie freuten sich in kindlicher Manier einfach über Kleinigkeiten, die nichts kosteten und überall zu finden waren. Früher im Krieg fand man ja auch sonst nichts.

Mein Opa musste in der Zeit des Zweiten Weltkrieges lange im Gefängnis sitzen, denn auf der Straße durfte er nicht Kommunist sein. Das durfte man nur im Gefängnis. Aber sogar im Gefängnis hat er viel gebastelt. Aus einer Spiegelscherbe, die den Gefangenen freundlicherweise zur Verfügung gestellt wurde, um gegebenenfalls aus dem Leben scheiden zu können, hat mein Opa sich einen ganz tollen Aufstellspiegel gebaut. Er nahm eine Konservendose und bog sie so zurecht, dass er einen Rahmen mit Ständer für den Spiegel bauen konnte. So war er auch im Gefängnis immer sehr gepflegt.

Nach dem Krieg versuchte Opa Willi, meiner kleinen Oma das schwere Leben mit Hilfe von großartigen Erfindungen zu erleichtern. Damit die Oma sonntagmorgens beim Kochen die schönen Klassikschallplatten aus dem Wohnzimmer hören konnte, legte er ein Lautsprecherkabel bis in die Küche, wo die Oma eine große selbstgebaute Box hingestellt bekam, aus der nun das Sinfonieorchester erschallte.

Wenn die Oma bei den dramatischen Stellen dann Angst bekam, konnte sie mit Hilfe einer Gardinenstange, die mein Opa in die Box eingebaut hatte und die oben herausguckte, durch Raufziehen und Runterdrücken der teleskopartigen Stange die Lautstärke regulieren. Diesen Luxus hatten damals in den fünfziger Jahren nur meine Oma oder vielleicht noch ganz berühmte Schauspielerinnen in Hollywood.

Oder: Wenn die Oma Kaffee kochen wollte, tat sie die Kaffeebohnen in eine kleine elektrische Kaffeemühle. Die besaß einen Schalter, den man aus Sicherheitsgründen gedrückt halten musste, damit das Gerät nicht überhitzte, wenn es zu lange lief.

Da stand die Oma nun aber minutenlang mit dem Finger auf dem Schalter des lärmenden Geräts, was meinem Opa keine Ruhe ließ und seinen Erfindergeist anspornte. Währenddessen hätte die Oma auch schon einen Kessel Wasser aufsetzen, den Gasherd anzünden und die Tassen aus dem Schrank holen können.

Er entfernte also den Sicherheitsschalter der Kaffeemühle und ersetzte ihn durch den Schalter einer kaputten Nachttischlampe, wofür ihn meine kleine Oma sehr bewunderte.

Von nun an kochte sie noch viel lieber für sich und ihren

Willi Kaffee, um diese Erfindung zu genießen und auf ihren großen Mann stolz zu sein.

Stolz auf den Mann, der beim Bombenangriff in Essen mit meinem kleinen Vater Walter auf dem Arm quer durch die Gärten rannte, mit Sprüngen über Gartenzäune, die er wie ein Hürdenläufer nahm. Der, um einem Tiefflieger zu entgehen, stürzend mit dem Baby auf dem Arm auf den Ellenbogen landete und es unverletzt in den Bunker brachte. Das vergaß die Oma ihm nie, auch dafür liebte und verehrte sie ihn.

Früher haben die Menschen wichtig gefunden, dass man anständig, ehrlich, hilfsbereit und aufrichtig zueinander ist.

Dann haben sie sich ineinander verliebt.

Mein Opa musste als Schreiner in den sechziger Jahren die verschnörkelten Schränke von den Schnitzereien befreien, weil pflegeleicht modern wurde. Das hat er manchmal abgelehnt und das Möbelstück dem Kunden abgekauft, um es zu retten. Der bekam dann einen neu geschreinerten pflegeleichten modernen Schrank dafür. So versuchte er, Geld zu verdienen, was nicht immer gelang. Aber dafür hatte er viele schöne alte Truhen und Schränke in der Wohnung.

In ihrer Freizeit paddelten Opa Willi und Oma Martha mit ihrem Faltboot die Ruhr rauf und runter. Oder sie wanderten zu den Naturfreundehäusern, denn sie waren beide Mitglieder dieses Wandervereins. Zu Hause malte dann mein Opa seine Eindrücke in Öl oder zeichnete mit Bleistift und Tusche. Die Wände der gesamten Wohnung hingen voller selbstgemalter Bilder, denn so viele Meisterwerke zu kaufen, hätte sich ja keiner leisten können. Damit es bei uns auch so aussah, hatte mein Vater ebenfalls angefangen zu malen.

Aus dem kleinen ehemaligen Kinderzimmer meines

Vaters war ein sogenanntes Herrenzimmer geworden, also das Zimmer meines Opas, mit einem Tisch, dessen Tischplatte man öffnen konnte – und ein kleiner Billardtisch kam zum Vorschein.

Eine alte Eichentruhe und eine Eichenvitrine voller Bücher sorgten für einen würzigen Duft. In einer Ecke stand ein orientalischer Rauchertisch aus Messing, mit Aschenbecher, Streichholzhalter und Zigarettendose aus gleichem Material.

Dort befand sich auch ein Aquarium ohne Wasser mit einer selbstgemalten und gebastelten Unterwasserwelt. Ein geschnitzter Taucher, der auf der Suche nach einem Schatz war, hing an einem seidenen Faden und begegnete einem Hai.

Mein Opa hatte Phantasie.

Im Garten gab es einen Erdbeerweg, auf dem man sich satt essen konnte. Die Stachelbeeren und den Rhabarber ließ ich der Oma, die alles einkochte. Opa Willi baute uns eine schöne runde Gartenlaube mit Schilfdach, wo wir Erdbeerkuchen aßen, und mir baute er eine Schaukel, auf der ich die Erdbeeren schaukelnd verdaute.

Abends spielte Opa Willi gern alte Lieder auf der Zither, wobei die Oma sich wie auf Knopfdruck mit einem Tänzchen im Bein und einem Tralala auf den Lippen im Kreis zu drehen begann, so schön war das. Meine Oma liebte Operetten, denn das war die Musik, die sie damals in den zwanziger Jahren gehört hatte, als sie zum ersten Mal Hormonausschüttungen bekam und küssen wollte. Die Musik, die man in dieser Phase hört, begleitet einen das ganze Leben lang. Darum hören heute erwachsene Menschen zum Beispiel Lieder über Luftballons von Nena und singen und tanzen dazu, so wie meine Oma auf die albernen Operetten aus ihrer Jugend.

Mein Opa wollte meinem kleinen Vater die Geige nahebringen, doch der Geigenlehrer konnte wohl keine Kinder leiden und ließ ihn jahrelang ausschließlich Tonleitern spielen, so lange, bis er groß genug war, um sich eine Trompete und eine Miles-Davis-Platte zu kaufen und sofort versuchte, alles perfekt mitzuspielen.

Und dadurch lernte er meine Mutter kennen, die dort zum Tanz verabredet war, wo er dann mit seiner Jazzband spielte.

Damals, Anfang der sechziger Jahre, wurde noch zur Jazzmusik total wild und ausgeflippt Rock 'n' Roll getanzt, weil der Jazz damals in Deutschland eigentlich Rock 'n' Roll war, nur mit mehr Trompete. Meine Mutter tanzte schließlich nach der Trompete meines Vaters und verliebte sich in den Bläser derselbigen. Und mein Vater verliebte sich in den wippenden Pferdeschwanz meiner Mutter, jedenfalls hat er sie auf der Straße wiedererkannt, als sie in die Bahn einsteigen wollte, und hat sie von hinten am Schwanz gezogen.

Das war damals ein hohes Risiko, denn Haarteile wurden gerade modern. Es ist aber gutgegangen, der Zopf war echt, und er hat sich mit ihr verabreden können. Schließlich hat er sie sogar heiraten dürfen.

Und dann kam ich.

Als mein Opa Willi plötzlich gestorben ist, dachte man, ich sei zu klein, um mit zur Beerdigung zu kommen. Darum blieb ich allein mit dem Drachen zu Hause, denn der wollte da auf keinen Fall hin. Natürlich fragte ich mich, wo denn meine Eltern seien, und so erklärte mir der Drache: «Deinen Großvater, diesen Kommunisten, haben sie in ein Loch geworrrfen und Drrreck drrrauf geschmissen!»

Als sie dreißig Jahre später starb, habe ich gehört, ihr sei bei ihrer Beerdigung genau dasselbe passiert wie dem Opa.

So wird's halt gemacht.

Mit dem Zuckergeld ist sie fast neunzig Jahre alt geworden, um einsam zu sein und zu jammern. Und auch sie war eigentlich eine liebe Frau. Wäre ihr Mann nicht in Polen im Krieg gefallen und gestorben und hätte sie nicht mit den Kindern voller Bandwürmer und Läuse auf dem überladenen Schiff von Danzig fliehen müssen, dann hätte sie auch nicht ihren kleinen Sohn ins Bergwerk unter Tage und die kleine Tochter in eine Klosterschule geschickt, um den neuen Mann zu halten und mit ihm Brigitte, das neue Baby, zu verwöhnen, bis auch dieser Mann starb.

Dann hätte sie wahrscheinlich ein schöneres Leben gehabt und wäre am Ende sogar eine liebe, glückliche Frau gewesen.

GOTT SCHMIERT KEINE STULLEN

Nachmittags besuchte ich den antiautoritären Kinderladen, musste mich nackt ausziehen, von den anderen Kindern mit Farbe vollschmieren lassen, und anschließend spritzten wir uns mit einem Wasserschlauch ab, was ich ja schon in Jugoslawien bei den besoffenen Erwachsenen am Strand in der Salatvariante studieren konnte.

Neu war nur, dass diese Ereignisse nun von nüchternen Erwachsenen fein säuberlich notiert und in der wöchentlichen Gesprächsrunde stundenlang und ausführlichst zur Diskussion gebracht wurden.

Die Erwachsenen haben uns kurz «angespielt», und dann ging es los.

Wir kochten Matschsuppen, verkleideten uns, zogen uns gegenseitig an den Haaren, tobten im Turnraum herum, verhielten uns also wie ganz normale Kinder. Wir wurden dabei in der Regel nur distanziert beobachtet und analysiert. Die Erwachsenen haben sich auch bei heftigen Streitigkeiten kaum eingemischt. Es floss schon mal eine Träne der Wut – aber nie Blut.

Die Elterngruppe bestand hauptsächlich aus antiautoritären Akademikern, die sich dann auch an den Abenden trafen, um ihre Analysen zu vergleichen.

Da ging es manchmal ganz schön hitzig zu, denn die nahmen das sehr ernst.

So mancher hat vielleicht sogar seine Doktorarbeit über uns geschrieben.

Da wurde es jedenfalls auch schon mal lauter. Aber da hielten wir Kinder uns dann in der Regel ebenfalls raus. Da floss ja auch kein Blut, höchstens etwas Wein.

Besonders interessant wurde es für die Erwachsenen, wenn es um die Ausscheidungen der Kinder ging und um die Frage, ob man sie damit spielen lassen solle.

Da gab er mehrere Theorien, über die man stundenlang debattierte.

Meine Eltern dagegen wollten jedoch, dass ich weiterhin ganz normal auf die Toilette ging.

Diese Gesprächsrunden wurden für meine Eltern irgendwann so langweilig, dass sie anfingen zu schwänzen. Später zerbröselte sich die Gruppe.

Ich fand es immer ganz lustig dort, aber ich musste ja auch nicht mitdiskutieren.

Viele der Kinder kamen dann ins Schwedenheim, damit ihre antiautoritären Eltern arbeiten gehen konnten. Wir hatten richtig Mitleid mit denen.

Der Name war so gruselig. Aber die Kinder betonten immer wieder, dass es wirklich total lustig dort sei. Das Schwedenheim war in Wirklichkeit ein sehr progressiver freier Kinderhort, nach einem schwedischen Modell.

Vormittags besuchte ich dagegen als Kontrastprogramm den katholischen Kindergarten, der ein paar Häuser weiter in unserer Straße lag.

Das war sehr spannend, denn die Erzieherinnen waren waschechte Nonnen in Schwalbengewändern, die nach Marias Mottenkugelschrank rochen. Dort fühlte ich mich sehr wohl, denn ich spürte den Groll nicht, der meinen Eltern galt, die mich nicht taufen ließen.

Vor dem Frühstück wurde immer gebetet: «Jedes Tierlein hat sein Essen, jedes Blümlein trinkt von dir. Hast auch du uns nicht vergessen, lieber Gott, wir danken dir.»

Und dann packten alle ihre Butterbrotdosen aus und hatten die tollsten Sachen darin. Ein echtes Wunder.

Das fand ich ungerecht.

Ich bekam immer nur Brote mit klebrigem Honig oder Leberwurststullen von zu Hause mitgeschmiert, und die hatten leckere Sandwichs mit Salatblättern, Käse, Schinken und sogar Mayonnaise vom lieben Gott persönlich! Nur weil die katholisch waren ...

Da ich mich für die Leberwurst auch zu Hause bedanken konnte, musste ich nicht mehr mitbeten und konnte direkt zu Hause frühstücken. Später habe ich dann erfahren, dass Gott gar nicht so lieb war, wie die es immer so darstellten.

Da habe ich gehört, dass die katholischen Kinder ihre Sandwichs auch von zu Hause mitgeschmiert bekamen. Gott schmiert überhaupt keine Stullen, das war alles nur eine Religion!

Damit ich die soziale Ungerechtigkeit des kapitalistischen Systems nicht nur in der Theorie begreifen sollte, wählten meine Eltern als Wohnort ein Viertel, das direkt an ein großes Zechengelände grenzte und als der soziale Brennpunkt Oberhausens galt. Allerdings mussten wir deshalb auch nur sehr wenig Miete bezahlen, was sich gut traf. Denn mein Vater war ja Künstler und selbst meist ziemlich abgebrannt.

Dort standen nämlich die riesigen Kühltürme und die Hochöfen, die meiner Mutter bei Ostwind die Wäsche auf der Leine einschwärzten. Darum wurde auch manchmal gar nicht gewaschen. Wenn das Fenster mal offen stand und der Wind hineinwehte, war ja sogar die Wäsche im Schrank vorne an den Kanten schwarz. Dann wurde meine Mutter sauer, weil sie auf der Haushaltsschule gewesen war, und die ganze Arbeit war nun umsonst.

Wäre mein Vater noch etwas intellektueller gewesen, hätte er in den sechziger Jahren als Existenzialist ausschließlich schwarz getragen. Oder wenn wir, wie später die Gruftis in den Neunzigern, schwarze Bettwäsche gehabt hätten, das wäre zumindest waschtechnisch einfacher gewesen für meine Mutter.

Auf dem riesigen Zechengelände konnte man aber sehr schön spielen. Dort stand auch ein altes kaputtes Haus. Eine Art Villa Kunterbunt, nur ohne bunt, also duster und moderig. Das war schon unheimlich darin, denn die Treppen waren alle morsch, und keiner traute sich da hoch. Allein im Erdgeschoss der Ruine zu spielen war für uns interessant genug.

Ein Kind fand dort mal einen glitschigen länglichen Luftballon, den es aufblies. Wir haben damit Ball gespielt. Als ich meinem Vater davon erzählte, hat er sich am Kaffee verschluckt und unheimlich lange gehustet.

Ich musste mir dann sofort die Hände waschen.

Die größeren Kinder spielten auch schon mal auf den Schienen, sprangen auf die langsam fahrenden Schlackewaggons auf und ließen sich ein Stück mitnehmen. Einer verlor dabei sogar seinen Fuß. Wir haben stundenlang nach ihm gesucht, aber nichts gefunden.

Vielleicht stimmte das auch gar nicht, und die Erwachsenen haben das nur so erzählt, damit es für uns noch etwas spannender wurde.

Auf dem Zechengelände war jedenfalls genug Platz, um dort groß zu werden. Und das tat ich. Wahrscheinlich durch den Leberwurstkonsum.

Von den Hormonen in der Schweineleber, die die Schweine vom Schweinemäster in den Schweinenacken projiziert bekamen, damit diese größer wurden, wuchs auch ich unglaublich schnell. Da ich Probleme hatte, mit meinen an Länge zulegenden Gliedmaßen den Alltag zu bewältigen, wurde ein Arzt aufgesucht, denn ständig stieß ich mit dem Knie an den Tisch und kippte mit dem Ellenbogen meinen Kakao um.

Der Arzt machte meinen Eltern tatsächlich den Vorschlag, zehn Zentimeter meiner Oberschenkelknochen abzusägen und dann wieder zusammenwachsen zu lassen. Hätte dieser Arzt etwas mehr Durchsetzungsvermögen gehabt, würde ich jetzt beim Laufen mit den Händen über den Boden schleifen, denn meine Arme sind genauso gewachsen wie meine Beine und reichen so schon fast bis ans Knie.

Heute wachse ich nicht mehr, wenn ich Leberwurst esse.

Ich werde nur, wie andere Leute auch, ganz normal dick davon.

AVANTI POPOLOCH

Plötzlich packte mein Vater die Trompete weg und begann mit dem Kontrabassspielen. Viele Bassisten weinten, denn mein Vater organisierte immer die Jobs, und sie waren jetzt arbeitslos. Dafür freuten sich die Bläser umso mehr, denn diese Stelle wurde nun wiederum frei.

Es gab in Oberhausen eine afrikanische Hamburgerin, die mit äußerst kräftiger Stimme Arbeiter- und Friedenslieder sang, wobei sie Gitarre spielte und Fasia Jansen hieß.

Mein Vater und sein Kontrabass begleiteten sie bei diversen Gewerkschaftsveranstaltungen, Juso-Seminaren und DKP-Volksfesten.

Sie hatte eine Adoptivtochter aus Hamburg mitgebracht, die immer hungrig war.

Deswegen hatte Fasia vielleicht so eine kräftige Stimme, denn hinter dem Bühnenvorhang stand die Kleine und schrie immerzu auf Hamburgisch in Fasias Vortrag hinein: «Fassia, ich hab Hungäh!!! Fassia ...»

Irgendwann drehte Fasia sich um, rief: «Ich hau dir gleich die Gitarre auffen Kopp!»

Dann sang sie weiter. Sie war sehr temperamentvoll.

Ein weiterer Höhepunkt in der Kariere von Fasia und ‹Kuro›, so hieß mein Vater als Künstler, war ein hochoffizieller Auftritt auf einer Kongressveranstaltung vom Deutschen Gewerkschaftsbund, der sogar vom Westdeutschen

Rundfunk aufgezeichnet wurde. Wir Kinder saßen wie immer hinter dem Bühnenvorhang, und wie immer hatte Angelika «Hungäh» und schlechte Laune, denn sie war älter als ich und schon fast in der Pubertät.

Aber mich reizten die Mikrophone, die zur Aufnahme des Konzerts im vorderen Bereich der Bühne standen, da sie genau auf meine damals noch bescheidene Körpergröße eingestellt waren.

Als Fasia schließlich mit ihrer sonoren Stimme sang: «Avanti Popolo! Auf, auf Genossen!», verstand ich: «Avanti Popo*loch*! Auf, auf Genossen!»

Und dem schlossen sich etwa dreitausend euphorisierte Gewerkschaftler an, die ebenfalls ihre Stimmen und die linke Faust erhoben.

Es hielt mich nicht mehr, und ich stürmte zu dem Aufnahmemikrophon des WDR und krähte hinein: «Avanti Popoloch! Auf, auf Genossen!», wobei ich sehr ergriffen war, denn auch meine Emotionen spielten verrückt.

Ich rechnete damit, dass mein Vater sehr stolz auf meine Pioniertat war, aber er und der Tonmeister vom WDR schüttelten nur die Köpfe. Später in der Garderobe lachte mein Vater hysterisch, um Fasia zu besänftigen, die sich von der Aufzeichnung einen weiteren Schritt auf ihrer Karriereleiter versprach, weshalb sie etwas verstimmt war.

Danach traten noch Dieter Süverkrüp, Hannes Wader und Franz Josef Degenhart auf, die tatsächlich Karriere machten, weil ich nicht dazwischengesungen habe.

PLUTIMIKATION

Leider wurde ich eingeschult.

Ich wollte eigentlich nicht. Aber meine Eltern versuchten, mich mit einer wunderschönen selbstgebastelten Schultüte, in der sich sogar Rollschuhe befanden, zu überreden, bis ich klein beigab, denn ich war erst fünf, galt aber als schon schulreif. Die Lehrerin Frau Versteegten war sehr schlau und gab mir das Gefühl, nicht doof zu sein, obwohl ich nur aus dem Fenster schaute und von Jugoslawien, Seeräubern und Pipi Langstrumpf träumte.

Da sie die Geschichte «Pipi in der Schule» nicht so gut kannte wie ich, war zum Beispiel Plutimikation für sie überhaupt kein Begriff, und sie verstand gar nicht, wovon ich sprach. Aber sie gab sich wirklich Mühe.

In der dritten Klasse gab es einen Lehrerwechsel. Es kam Herr Schmidt. Er trug kurzes schwarzes Haar mit Extrem-Seitenscheitel, eine schwarze eckige Hornbrille und einen kurzen gepflegten Bart, der kreisrund seinen Mund umschloss und ihn so als Mittelpunkt des Gesichts erscheinen ließ, was mich irgendwie an die Behaarung weiblicher Geschlechtsorgane erinnerte, die ich auf der FKK-Insel in allen Variationen gesehen hatte.

Später erfuhr ich, dass man so etwas tatsächlich ‹Gesichtsvotze› nennt. Ursprünglich war Herr Schmidt aber Kirchenorganist.

Weshalb er so versessen darauf war, an einer städtischen Grundschule im sozialen Brennpunkt zu unterrichten, weiß man nicht. Vielleicht war er in eine Schuldenfalle geraten und konnte als Organist nicht genug Geld verdienen. Als ihm klar wurde, welche Folgen das nach sich zog, war es zu spät, denn er stand schon unter Vertrag. Die schweren Jungs in meiner Klasse machten es ihm nicht leicht.

Als normale Umgangssprache auf dem Schulhof galten ausschließlich Tritte, Schläge und wilde Prügeleien, in denen sogar Blut aus Nasen und Kopfhäuten floss, was ich als völlig gewaltfrei erzogenes lustiges Mädchen ganz schrecklich fand.

Lehrer Schmidt zog daraus die Konsequenz und zerrte die Störenfriede an den Haaren aus dem Klassenzimmer hinaus in den Flur, wo er an dem auserwählten Drittklässler seine ganze angestaute Wut und Enttäuschung abreagierte, um selber keinen Magenkrebs zu bekommen.

Doch da hatte er nicht daran gedacht, dass in dem Klassenzimmer auch eine bezopfte Kinderrechtlerin saß, die so erzogen wurde, dass sie diese Ungerechtigkeit sofort bekämpfen musste, denn der große Lehrer war dem Achtjährigen ja körperlich überlegen.

Ich rannte also am Schmidt vorbei zum Direktor und erzählte dem, dass die Prügelstrafe längst verboten sei, und der Schmidt mache das trotzdem, und er solle sofort kommen.

Er wolle mit dem Lehrer Schmidt sprechen, sagte der Direktor.

Am nächsten Tag wiederholte sich die ganze Geschichte, und ich stand wieder vor dem Direktor.

Der sagte nur: «Hrhrahm» und tat so, als ob er was aufschreiben würde. Aber ich gab nicht auf und dachte mir mit meinem geschlagenen Mitschüler einen Trick aus: Der sollte seinen Vater einfach in den Flur stellen, wo er dann den Schmidt beim Prügeln erwischen würde. Das hat funktioniert.

Der Vater war ein kräftiger Hilfsarbeiter, der dem Schmidt dann auf seine Art die Meinung gesagt hat. Der Schmidt hat dann auch endlich verstanden, dass er nicht schlagen durfte, sondern nur die anderen.

Mit den Mädchen aus meiner damaligen Klasse habe ich ernsthaft versucht, Freundschaften zu knüpfen, aber das war ganz schön schwierig. Ich versuchte, mit ihnen zu spielen, doch sie schoben immer nur mit verbissenem Gesicht den Puppenwagen die Straße rauf und runter. Ich hatte damals verschiedene Berufswünsche und schwankte noch zwischen Seeräuberkapitänin oder Zirkusartistin.

Als ich die Mädchen fragte, was sie denn mal werden wollten, sagte die eine «Mutter» und die andere «arbeitslos». Die «Arbeitslose» hieß Monika und schlug mit ungeheurer Kraftanstrengung auf ihre Puppe ein.

Na gut, die Puppe war auch nicht so schön.

Monikas Mutter war beides, Mutter und arbeitslos. Und sie war auch nicht so schön und wurde auch schon mal verhauen.

Manchmal hatte sie sogar ein Auge blau oder eine Beule am Kopf. Sie lebten von der Stütze, und jedes Kind hatte sogar einen eigenen Vater.

Ich hatte plötzlich das Gefühl, dass ich Bluessängerin werden wollte, aber ich kannte diesen Beruf noch nicht.

Monika sprach sehr präzise und betonte bestimmte Silben wie ein Kuckuck mit einer kleinen Terz, aber nach oben.

Einmal schellte ich, um mit Monika draußen zu spielen, aber sie sagte an der Tür: «Ich *kann* nich raus! Meine Mutter hat *Schei*denentzündung, un ich muss *putz*ön, gleich kommt *Jug*endamt!»

Wir beschlossen, zusammen zu *putz*ön, aber aus dem Schlafzimmer kreischte die Mutter: «Du *solls* doch keine Blagen von die Straße reinnehmen! Ich hab hier schon ge*nuch* Blagen!»

Monikas Mutter sprach noch konsequenter auf einem Grundton und betonte bestimmte Silben, aber mit der kleinen Sexten aufwärts, wie der Anfang von dem Lied zum Film <Schicksalsmelodie>.

Beide hatten sie Stimmen wie Trompeten.

Eine Scheidenentzündung wird übrigens durch Pilze verursacht, die ein Mann, der sich nicht gewaschen hat, unter seiner Vorhaut beherbergt und die nun nach dem Geschlechtsverkehr in Monikas Mutter waren.

Bei den Moslems kommt das so gut wie nie vor.

Selbst, wenn die sich auch nicht waschen und Geschlechtsverkehr mit verschiedenen Partnerinnen haben, kriegen die unter der Vorhaut keine Pilze, weil die beschnitten sind, hat mein Vater mir auf meine Fragen hin ausführlich erklärt.

Meine Fragen wurden immer ausführlicher beantwortet, als ich es eigentlich erwartet habe. Damals nahm man sich noch Zeit.

Die Erwachsenen erklärten auch deshalb so gerne, weil sie sich durch das Erklären in dem ganzen Chaos selber Klarheit schaffen konnten, wovon ich profitierte und schneller klug wurde als die Kinder in unserem Viertel, denen man nur «Halt die Backen und laber nich'!» als Antwort gab.

Allerdings hielt man mich dann immer für älter, als ich wirklich war, denn ich wurde davon altklug.

Am besten konnte natürlich mein Vater erklären. Von ihm habe ich gelernt, dass alles ganz einfach ist.

Einmal kam Monika mit ihrem kleinen Bruder Bonanza zu uns und fragte im Auftrage der Mutter, ob wir ihnen fünfzig Mark leihen könnten, damit sie etwas zu essen kaufen konnten, weil Monatsende war.

Als mein Vater später selber einkaufen ging, sah er die

beiden einen Kasten Bier und eine Stange Zigaretten von seinem Geld nach Hause tragen.

Am Abend wurde es besonders laut, und um Mitternacht flog der leere Kühlschrank aus dem Fenster und landete auf dem Hof neben dem Fernseher.

Unser Radio habe ich, ehrlich gesagt, nie auf dem Hof liegen sehen.

Dort lagen nur der Kühlschrank und das Fernsehgerät der Nachbarn. Wahrscheinlich hatte mein Vater damals auch nur gesagt, dass er am liebsten das Radio aus dem Fenster werfen würde, denn er war überhaupt nicht der gewalttätige Typ für so was.

Er war ja sogar in der Friedensbewegung.

Unter den Mädchen war es mir auf Dauer zu langweilig, denn die spielten nur den Alltag ihrer Mütter nach. Und die Mütter waren anscheinend auch ziemlich langweilig. Es wurden Puppen an- und ausgezogen, aus leeren Puppentassen wurde angeblich Kaffee getrunken und für den Rest des Tages der Puppenwagen die Straße rauf- und runtergeschoben. Dazu trugen die Mädchen das gleiche verbiesterte und frustrierte Gesicht ihrer Mutter. Einige konnten das richtig gut.

Ein paar Kinder aus meiner Klasse kamen nicht aus kaputten Elternhäusern. Ich spielte lieber mit den Jungs aus meiner Klasse, zum Beispiel mit Mario, dessen Vater Privatdetektiv war und der zu Hause auf Super-8 alle Dick-und-Doof-Filme hatte.

Dann wurden die Rollos runtergelassen, und wir haben sogar mal versucht, uns im Dunkeln ein Küsschen zu geben, aber nicht getroffen.

Oder mit Roland, der ein Kettcar besaß, auf das ich ganz wild war. Stundenlang bin ich mit meinen blonden Zöpfchen auf seinem Hof rumgefahren und liebte das Rückwärts-Einparken zwischen zwei Mülltonnen.

Mit den Kindern der Freunde meiner Eltern, die so ähnlich aufwuchsen wie ich, spielte ich am liebsten «Nicht den Fußboden berühren», ein Spiel, das ich aus einem Pipi-Langstrumpf-Film abgeguckt hatte. Wir kletterten durch die ganze Wohnung über alle Möbel und durften keinmal den Fußboden berühren. Man lernt, sich durch einen Türrahmen ins andere Zimmer zu hangeln und lauter Dinge, die im späteren Leben sehr wichtig und sogar lebensrettend sein können. Übrigens ist nie etwas kaputtgegangen, und ich habe nicht verstanden, warum dieses schöne Spiel nicht weiter verbreitet war.

Natürlich dachten wir uns auch selber jede Menge Spiele aus.

Ein beliebtes Spiel hieß «Langweilige Erwachsene aufschrecken».

Das ging so: Die Erwachsenen saßen langweilig in der Wohnlandschaft, hörten Jazz, tranken Wein und unterhielten sich. Wir zogen uns kichernd im Kinderzimmer aus und schlichen leise zum Wohnzimmer. Auf ein Kommando stürzten wir nackt und laut schreiend durch das Wohnzimmer an den langweiligen Erwachsenen vorbei und wieder hinaus.

Dann hörten wir das Gelächter der aufgeschreckten Erwachsenen aus dem Wohnzimmer, und die Party war im vollen Gange.

Anschließend ließen wir Wasser einlaufen und planschten lustig in der Badewanne. Selbstverständlich setzten wir alles unter Wasser, um uns anschließend mit Decken und Tüchern eine Bude zu bauen, in der wir es gemütlich hatten. Wir mussten alle Möbel verrücken und trugen alles aus der Wohnung zusammen, was wir brauchten.

Das war dann meine Idee.

Das Kinderzimmer sah aus wie nach einem Bomben-angriff, bemerkte erschrocken meine Mutter, die an ihre Kindheit dachte.

Ich fand es immer merkwürdig, weshalb meine Eltern schrien und stöhnten vor Schmerz, wenn sie durch mein Zimmer gingen. Denn ich hatte keinerlei Schwierigkeiten, an den Legosteinen und anderem Kleinkram vorbeizutre-ten, und wunderte mich immer, warum sie drauftraten. Ich glaube, sie machten das extra, um mir zu demonstrieren, wie wichtig aufräumen ist, denn es fehlten ihnen anscheinend die Argumente.

Sie waren mit ihrem Latein am Ende.

Darum traten sie immer extra auf etwas und schrien dann.

Das war reine Hilflosigkeit.

Sie schrien sogar abends noch im Wohnzimmer weiter.

Dabei war das Wohnzimmer doch immer aufgeräumt.

JERKO SACRAMENTO

Als meine Mutter Oberhausen verließ, um 278 Kilometer weit weg im Norden bei ihrem neuen Freund in Bremen zu sein, lernte ich endlich die Freundin meines Vaters kennen.

Sie war sehr nett und viel jünger als meine Mutter.

Und sie konnte sogar Gitarre spielen und dazu mit tiefer Zigarrenstimme auf Spanisch singen, weil sie Spanisch studierte.

Im Gegensatz zu meiner Mutter war sie aber total kurzsichtig und hatte einen niedrigen Blutdruck, weshalb sie erst zum Frühstück kam, wenn mein Vater und ich schon fertig waren.

Ich stellte jeden Morgen mein ausgelöffeltes Ei kopfüber in ihren Eierbecher, und jeden Morgen schlug sie sinnloserweise das leere Ei kaputt, wobei sie ein tiefes «Äähhhh!» phonisierte, was bei etwa 16 Hertz lag. Mein Vater und ich lachten uns jedes Mal total kaputt.

Dann bekam sie doch noch das richtige Ei und mehrere Tassen Kaffee.

Sie konnte nach dem Frühstück auch schon fast wieder hörbar sprechen. Am Abend war sie dann so gut bei Stimme, dass sie sogar spanisch singen konnte.

Es wurde wieder Sommer, und die Zigarrenstimme kam mit uns nach Jugoslawien. Wir fuhren die Küste ab und suchten nach einer günstigen Stelle, an der man das Boot ins Wasser lassen konnte.

Bei Split gibt es eine große Bucht, an deren Ende der schöne Ort Slatine liegt. An dem winzigen Hafen mit den zehn Holzbooten der dort wohnenden Fischer lag die einzige Taverne des Ortes, die erst mal angesteuert wurde.

Es kam uns ein verwegen aussehender Mann in gebügeltem weißen Hemd und schwarzer Oberkellnerhose entgegen, der «Grüß Gott, was Sie bitte wollen!» sagte, weil er in Österreich in einer Autofabrik gearbeitet hatte.

Dann stellte sich heraus, dass er Jerko hieß, sogar mal bei Tito Chefkoch gewesen war und jetzt diese Taverne besaß, mit seinem kleinen Fischerboot auf Fischfang ging und großartige Knoblauchfischsuppen kochen konnte.

Jerkos linkes Auge war durch den Rückstoß einer Harpune beschädigt worden, wodurch die Pupille nun eine asymmetrische Form hatte. Nachdem er uns das erklärt hatte, machte er laut: «Bumm! Kaputt!»

Dann lachte er mit seiner rauen Seeräuberlache über sein Schicksal.

Nach ein paar Pivo und Pipi in seiner kühlen Taverne, die er in den einsamen Wintermonaten mit naiven selbstgemalten Bildern, Wandgemälden, Steinmetzarbeiten und Netzen voller präparierter Meeresbewohner ausgeschmückt hatte, schlossen mein Vater und er Freundschaft für immer.

Jerko hatte auch eine Frau. Sie hieß Theresa und konnte sogar auf Deutsch mehrmals hintereinander «Jerko trinken, immer Karussell!» sagen. Theresa war klein, dünn und nervös. Im Sommer hatte sie schon immer etwas Angst vor dem langen Winter, ohne Touristen, ohne Geld und allein mit Jerko und der kleinen hübschen Tochter, die Snedjana hieß, das ist die kroatische Version von Schneewittchen. Man konnte sich aber gar nicht vorstellen, dass dieses hübsche Schneewittchen das Kind dieser beiden vom Leben gezeichneten Figuren war.

Am frühen Abend hatte Jerko ein paar starke Männer zusammengetrommelt, die meinem Vater halfen, das Boot am Kiesstrand ins Wasser zu schieben. Anschließend gingen die verschwitzten Kroaten in Jerkos Taverne, wo mein Vater einen ausgab.

Kaum war der erste Liter Wein auf dem Tisch, stellte sich heraus, dass hier der wahre Fischerchor zu Hause war. Herrliche Tenöre und ein wundervoller Bassbariton intonierten bis spät in die Nacht vierstimmig <Oh Ma-ri-ha-ha-na>, einen schlichten jugoslawischen Schlager, der nun voller Inbrunst in Kosakenmanier geschmettert wurde.

Natürlich durften wir nicht im Boot schlafen, sondern Jerko und Theresa überließen uns ihr Schlafzimmer mit dem Jesusbild über dem Bett und dem Mottenkugelschrank.

Sie schliefen typisch kroatisch gastfreundlich irgendwo in der Küche.

Am Nachmittag nahm Jerko uns zum Netzeinholen mit seinem Boot mit. Er hatte mehrere Brote, Tomaten und eine Fünfliterkorbflasche Rotwein verstaut, und wir überlegten, ob wir je wieder zurückkommen würden.

Jerko steuerte das Boot entlang der Küste bis zu seinem Netz, das er am Morgen vor einer kleinen Bucht ausgelegt hatte. Dort begann er, im großen Kreis um das Netz herumzufahren, wobei er mit einem Holzklotz auf den Boden des Bootes klopfte.

Er klopfte und zog die Kreise immer enger, sodass die Fische von allen Seiten ins Netz getrieben wurden.

Endlich hielt er an. Uns war auch schon ganz schwindelig geworden.

Und tatsächlich waren einige Fische in sein Netz gegangen. Neben Makrelen und Barben hatten sich auch ein kleiner Rochen und ein Stromfisch verfangen, den wir erst berühren durften, nachdem Jerko ihn mit dem Messer getötet hatte.

Selbst dann stand er noch unter Strom.

Das Netz war eingeholt, und Jerko hüllte sich weiter in Schweigen.

Wozu die Brote, der Wein …?

Jerko schwieg und steuerte das Boot weiter in eine kleine Bucht hinein, die man von Land aus nicht begehen konnte.

Dort sahen wir einen winzigen Schuppen, aus Betonstein gemauert und mit einem Wellblechdach gedeckt.

Jerko warf den Anker und steuerte das Boot auf die Hütte zu.

Er machte den Motor aus, sprang mit dem Seil von Bord und befestigte es an einem der spitzen Felsen, die hier das Ufer ungastfreundlich gestalteten.

Aus der Hütte kamen zwei völlig verlumpte Gestalten, zahnlos, Mann und Frau. Aus ihrem schnatternden Gekreische hörte mein Vater heraus, dass der Alte bei der Votze seiner Mutter die Gotteshure ficken wollte, so groß war die Freude über unser Kommen.

Mein Vater übersetzte es für die Zigarre. Aber aus Rücksicht zu mir sagte er fälschlicherweise Pflaume und nicht Votze.

Darum gab es später beim Einkaufen auf dem Markt auch mal eine Verwechslung, als ich Pflaumen kaufen wollte. So ist das, wenn man Kinder vor der Wahrheit schützen will.

Auf Jugoslawisch klang das etwa so: Der Alte schrie «Pitschko Materina! Je benti gos pu kurvu!», wobei die Alte immerzu «Boga ti, boga ti!» kreischte, «Mein Gott, mein Gott!», so sehr freuten sich die beiden, dass wir da waren.

Denn Jerko war der einzige Mensch, der alle paar Tage kam, um ihnen etwas zu essen und vor allem Zigaretten und Wein mitzubringen, den sie mit zitternden Händen entgegennahmen.

Die beiden wohnten dort in dem kleinen Schuppen. Die Inneneinrichtung bestand aus einem verrosteten Sprungrahmen mit alten Decken als Bett, Strandgut in Form von alten Gemüsekisten, die als Tisch verwendet wurden, und einem Gaskocher. Strom gab es dort nicht, denn die beiden waren da gar nicht gemeldet, weil man da eigentlich nicht wohnen konnte.

Ein säuerlicher Geruch schlug uns entgegen, der von der Armut kam.

Natürlich war man auch hier gastfreundlich, und wir bekamen Wasser und sogar Kaffee aus alten versifften Tassen. Die Zigarre hatte schon genug Durchfallerfahrungen auf Kuba gemacht, wo die Gastfreundlichkeit auch ähnlich aussehen kann. Sie lehnte dankend ab.

Auf der Rückfahrt war Jerko sehr erleichtert und gesprächig und erzählte uns von Delphinen, die oft sein Boot begleiteten, und dass hier überall alte Amphoren von versunkenen italienischen Galeeren auf dem Grund lagen.

Diese karge graue Felslandschaft mit den Dornenbüschen, das tiefblaue Meer, glatt wie eine Glasscheibe, dann tatsächlich zwei Delphine, die weit in der Ferne Purzelbäume schlugen.

Das war Glück! Fast kitschig, so schön war die Natur.

Ich weiß nicht, wie es die Leute im Ruhrgebiet aushielten, die nie von dort wegkamen und all diese tollen Erlebnisse nicht haben konnten. Immer nur die grauen Straßen und die rußverschmierten Häuser zu sehen ...

Na gut, der rote Himmel am Abend bei Abstich war schon imposant. Dazu die kreischenden Möwen über dem Köttelbecken, so was gab es wirklich nur zu Hause in Oberhausen.

Das war jedenfalls nicht kitschig.

Aber das Meer, die klare Luft, dieses Licht! Ich war glücklich.

Jerko redete und redete. Mein Vater schwieg dagegen bedrückt, und der Zigarre war schlecht.

Als wir in Slatine in dem kleinen Hafen ankamen, sagte

Jerko mit seiner tiefen rauen Stimme: «Sacramento, was machen jetzt!? Essen Fisch, trinken Wein, Fleisch, was Sie wollen!»

Dann gingen wir in die Taverne, wo der Fischerchor schon wartete.

Es zog ein Sturm aus dem Norden auf, den die Fischer Bora nennen, und so verbrachten wir noch ein paar Tage bei Jerko, bevor wir mit unserem kleinen Boot zu der Insel Hvar fahren wollten.

Die Femina war hinten in der Mitte nur etwa dreißig Zentimeter über dem Wasser, weil dort der 60-PS-Motor angebracht war. Deshalb wünschten uns die Fischer viel Glück, als wir den sicheren Hafen verließen und in die scheinbar glatte See stachen.

Kaum hatten wir die schützende Küste verlassen, um die Inseln anzusteuern, kamen riesige Ausläufer des Sturmes hinter uns angerollt, und mein Vater musste immer genau auf der ansteigenden Welle fahren, damit uns von hinten keine ins Boot schwappte. Die waren nämlich drei Meter hoch und hätten uns sofort versenkt.

Aber mit meinem Vater als Kapitän war das alles gar kein Problem.

Um ihm zu helfen, kletterte ich ganz nach vorne an die Reling, um mit meinem Gewicht das Boot zu stabilisieren, indem ich die Füße in die Gischt baumeln ließ.

Das hat total Spaß gemacht!

Nun kamen auch noch zusätzlich Wellen von der Seite.

Ab und zu wurde ich richtig überspült und jauchzte vor Freude.

Die Zigarrenstimme hatte Angst und kam mir nach. Sie wirkte irgendwie total verkrampft.

Um sie aufzuheitern, sang ich lautstark alle Seemannslieder, die ich kannte, und band uns mit einer Leine an der Reling fest, damit wir nicht weggespült wurden.

Als die Wellen nach vielleicht zwei Stunden nachließen, ging ich in die Kajüte und schlief, weil der Fischerchor am Abend so lange und laut ‹Oh Ma-ri-ha-ha-na› gesungen hatte und ich müde war.

Endlich erreichten wir die Insel Hvar und gingen in Vrboska vor Anker.

FRAU ČEVAPČIĆI

Mein Freund Olli, den mein Vater Stöbe nannte, wartete schon am Hafen mit seinen Eltern in einem Café auf uns.

Sie wohnten in einer kleinen Pension bei einer Frau, die so ähnlich hieß wie die Hackfleischwürstchen Čevapčići, also nannten wir sie auch so.

Wir hatten am Hafen kleine Fische gekauft, die wir im Hof der Pension grillten, als Frau Čevapčići dazukam. Sie sah uns mit Messer und Gabel die kleinen Fische verstümmeln und wollte uns nur zeigen, wie man sie richtig isst: Indem man die eine Hälfte mit den Zähnen ablöst und verspeist, umdreht, und die andere Hälfte genauso.

Dieses geschah in Lichtgeschwindigkeit.

Frau Čevapčići erfreute sich einer gewaltigen Körperfülle, weshalb sie immer behauptete, sie dürfe nicht zu viel essen.

So aß sie schließlich bestimmt anderthalb Kilo Fisch, nur allein aus demonstrativen Gründen.

Am Morgen fuhren wir zu der kleinen Badeinsel Zećevo.

Die konnte man in etwa einer halben Stunde mit dem Boot erreichen, wobei es an einer Stelle mit Wind und Wellen von allen Seiten für unser kleines Boot schon mal gefährlich werden konnte.

Ollis Eltern hatten auf dem Dach ihres Autos ein winziges

Badeboot mitgebracht, das aussah wie zwei zusammen-geklebte Duschwannen, denn es war rechteckig und etwa zwei Quadratmeter groß. An den Ecken konnte man Stangen anbringen, auf denen noch ein rot gestreiftes Sonnendach befestigt wurde, und hinten hing ein kleiner 2,5-PS-Motor dran. In dieser Schüssel saß die todesmutige vierköpfi-ge Familie mit ihren Vietnam-Strohhüten, die der Vater Stöbe von der Arbeit mitgebracht hatte. Er arbeitete nämlich als Flugbegleiter und holte aus Vietnam die napalmverbrannten Kinder mit dem Hubschrauber ab und brachte sie ins Oberhausener Friedensdorf.

Dort hatte er auch meinen Vater kennengelernt, der ebenfalls im Friedensdorf aktiv war.

In der völlig überfüllten Duschwanne versuchten sie nun also täglich, bis zur Insel zu kommen, und es grenzte jedes Mal an ein Wunder, wenn sie dort wirklich einliefen.

Mein Freund Olli hatte immer Hunger, denn er war sehr aktiv.

Wenn wir in der FKK-Bucht ankerten, kam er zur Femina geschwommen. Man konnte schon von weitem seine raue heisere Stimme «Kuro! Mach ma' n Dubbel!» krächzen hören.

Mein Vater fand Olli, den er Stöbe nannte, lustig, und öffnete eine Dose Ölsardinen.

Nachdem Olli drei Brote mit Ölsardinen, zwei mit Leberwurst und eins mit Nutella verspeist hatte, kam seine Mutter angeschwommen, um uns mitzuteilen, dass Olli grade eben noch eine ganze Schinkenplatte in der Taverne verzehrt hätte und besser nicht sofort ins Wasser sollte.

Um zu beweisen, dass man auch mit vollem Magen schwimmen kann, übten wir Kopfsprünge und brachten beim Absprung die Femina mächtig ins Schwanken. Olli konnte das stundenlang, darum war mein Vater auch so froh, wenn wir wieder weg waren.

Ich entdeckte die Welt unter dem Meeresspiegel und perfektionierte mich im Schnorcheln. Ich konnte bald ganz tief tauchen und holte vom Meeresgrund schwarze Seegurken herauf, die man durch kräftiges Drücken in Wasserpistolen verwandeln konnte.

Durch die Arbeit seines Vaters hatte Olli viele schreckliche Bilder aus dem Vietnamkrieg gesehen, die nun verarbeitet wurden. Und auch ich fand mal zu Hause beim Durchstöbern der Schränke eine Friedensdorfzeitung meines Vaters mit unwahrscheinlich grausamen Fotodokumenten dieses schrecklichen Krieges.

Ich erinnere mich noch genau, dass ich vollkommen geschockt war. Also lieferten wir uns therapeutisch wertvolle großartige Schlachten, starben um die Wette, und so manche Seegurke machte ernst.

Die Erwachsenen brauchten uns nicht zu ermahnen, unsere Badehosen zu wechseln, um einer Blasenerkältung aus dem Wege zu gehen, denn wir hatten keine an.

Also vergaßen sie uns und wir sie.

Das waren die schönsten Momente meiner Kindheit, denn wir hatten die ganze Insel für uns und konnten alles selbst bestimmen. Auch die Erwachsenen waren froh, ihre Ruhe zu haben. Wenn wir Hunger hatten, aßen wir die orangefarbenen Eier aus den Seeigeln und machten uns aus den Zähnen mit Angelschnur, die man am Strand fand, schöne Ketten.

Wir waren eine Gruppe von zehn bis zwanzig Kindern verschiedener Nationalitäten und strichen gemeinsam durch den kleinen Kiefernwald, kletterten auf der anderen

Seite der Insel an den Steilhängen herum und sprangen dort mit einem gefundenen alten Regenschirm, den wir als Fallschirm benutzten, in das tiefe dunkelblaue Wasser.

Dabei taten wir so, als seien wir alle total besoffen und fielen aus Versehen den Steilhang hinunter. Für die Nummer standen wir aber alle völlig diszipliniert in der Schlange und warteten, bis wir dran waren, denn einen Fehltritt konnte man sich hier nicht erlauben.

In dem Kiefernwäldchen gab es interessante riesengroße Spinnen, die mit festem Faden kunstvolle Netze zwischen die Bäume gespannt hatten. Wenn die Spinne grade nicht zu Hause war, spielten wir, dass einer in dem Netz gefangen war und darin festklebte.

Das Spiel ging so: Die Spinne wäre wohl so groß wie eine Wassermelone gewesen und jeden Moment gekommen, um ihr Opfer einzuspinnen, damit es, gut abgehangen, eine schöne Mahlzeit sein würde. Die Fäden der echten Spinne waren so stabil, dass sie unseren Phantasien standhielten.

Oder wir gingen in das kleine Restaurant zu irgendwelchen Freunden meines Vaters, schnorrten von deren Tellern und holten uns auf den Plastikstühlen ein schönes Muster am Hintern, mit dem wir anschließend zur Femina schwammen und Leberwurstbrote aßen.

Meistens machten wir alles in genau dieser Reihenfolge.

Die Eltern von Olli waren morgens in dem Pensionsbett von Frau Čevapčići immer noch sehr müde vom Weintrinken, also ging Olli bei Sonnenaufgang zum Hafen hinunter und sprang auf die Femina, um dort mit uns zu frühstücken.

Einmal ging es meinem Vater ebenfalls wegen des Weins am Abend morgens ziemlich übel. Und der hektische Olli verursachte beim Heranziehen der Femina und beim Sprung

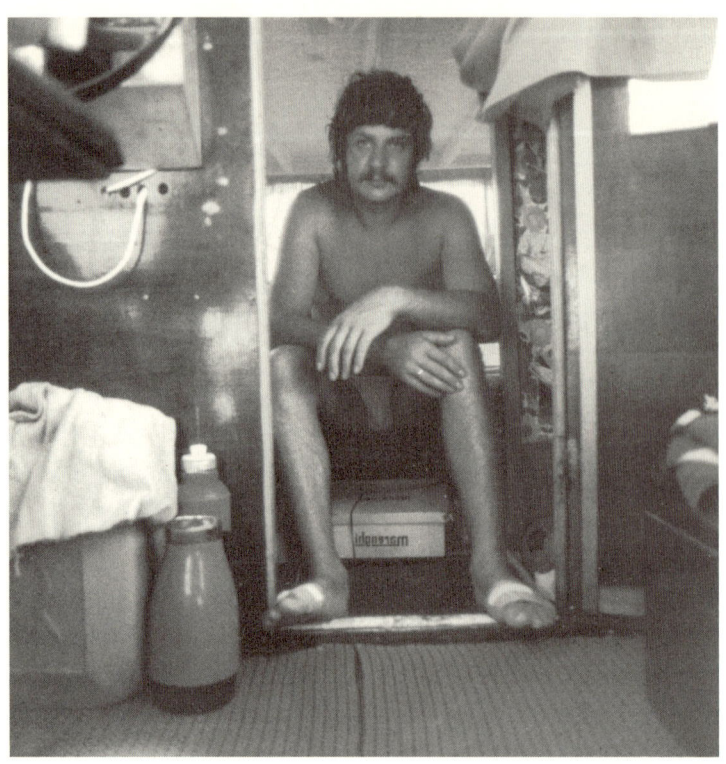

auf das schwankende Boot eine solche Schaukelei, dass sich mein Vater auf der liebevoll eingebauten Toilette erbrach.

Als dieser danach aus der Kajüte guckte und Olli sah, den er Stobe nannte, trafen sich ihre Blicke, und Olli rief mir begeistert zu: «Bohr, Eva, der Kuro guckt wie 'n Mörder!»

Stöbe hat überlebt.

ALBERTO

Auf der FKK-Insel gab es auch eine Toilette und ein paar Mülleimer.

Dafür musste man hundert Dinar zahlen, die von dem Mann, der auch das Holzboot steuerte, mit dem die Nudisten die Insel erreichten, eingesammelt wurden.

Das waren damals ungefähr sechzig Pfennig, also dreißig Cent.

Zu Anfang trug dieser Mann bei seiner Inselbegehung sogar in der Mittagshitze ein weißes Hemd, eine schwarze Hose mit eleganten Satinstreifen an den Außennähten, eine Dienstmütze, Socken und Schuhe. Dazu hing ihm eine dicke Tasche, wie sie früher die Busfahrer trugen, mit einem Metallmechanismus für Kleingeld an der Schulter.

Jahr für Jahr änderte er seine Kleidung, indem er sie reduzierte.

Zuerst tauschte er die lange Hose gegen eine kurze, dann das Hemd gegen ein Unterhemd. Zuletzt trug er nur noch Socken, Schuhe, die Mütze und die Tasche.

Die Nudisten waren begeistert.

Es gab aber auch geizige Nudisten, wie zum Beispiel Alberto, der eigentlich Dieter hieß und mit seiner Frau Gisela und einem kleinen Taschenhund auf ihrer sechzehn Meter langen bügeleisenförmigen italienischen Jacht namens ‹Alberto> den Sommerurlaub verbrachten. Sie hatten in Bamberg eine Radiogeschäftskette.

Die Jacht war in altrosa Gelsenkirchener Barock eingerichtet, und Alberto nannte seine Frau <Schnuck>, wie das Lüneburger Heideschaf.

Damit wollte er vielleicht ausdrücken, dass er seine Frau für dumm hielt, denn er kam immer zwei Wochen früher als sie in Begleitung diverser Grazien, die er unterwegs aufgegabelt und eingeladen hatte, während <Schnuck> zu Hause das Geschäft weiterführte.

Die Grazien hatten aufgedrehte Locken und imitierten entweder den Schwimmstil meiner Mutter, oder sie lagen dekorativ auf dem weißen kunstlederbezogenen Sonnendeck.

Ich fand Alberto toll, denn er konnte fast genauso gut Wasserski laufen wie der angeberische Jugoslawe, der immer in Jelsa, dem nächstgrößeren Ort, barfuß auf dem Wasser in den Hafen einlief, um für seinen Wasserski-Bootsverleih zu werben.

Und die riesige Jacht fand ich auch toll, denn da gab es einen Kühlschrank, in dem sich immer Cola befand, wovon ich natürlich absolut begeistert war. Die Jacht war so groß, dass Alberto weit draußen in der Bucht vor Anker ging und die Insel nie betrat, wodurch er die Gebühren sparte und trotzdem in aller Ruhe durch seinen Feldstecher die nackten Frauen beobachten konnte. Doch diese Rechnung vermasselten wir ihm.

Colagierig wie wir waren, konnten wir sehr gut und weit schwimmen und besuchten ihn mindestens einmal täglich.

Auf der <Alberto> konnte man auch hervorragend Kopfsprung üben. Dazu boten sich mehrere Etagen an. Ganz oben von der Brücke waren es bestimmt vier Meter.

Olli war damals sehr hektisch, und seine Bewegungen

bestanden aus Sprüngen und Zuckungen, weil er zu viel Energie hatte.

Und irgendwann beschwerte sich Schnuck darüber, dass ein Köttel auf ihrem weißen Leinenstuhl gelegen habe, über dessen Herkunft sie rätselte.

Dies wurde aber erst bemerkt, als wir schon wieder an Land schwammen. Schnuck schimpfte erst mal mit dem Taschenhund, bis ihr klar wurde, dass Olli auf dem Stuhl gesessen hatte.

Schnuck vermutete, dass Olli beim abrupten Aufstehen vom eleganten weißen Leinenstuhl vor lauter Hektik ein Köttelchen verloren haben musste, denn wir trugen ja keine Hosen.

Olli war das egal. Alberto ging ja auch nicht auf die Inseltoilette, sondern pumpte seine braune Wolke in die Badebucht.

Das machen alle Seeleute so, die eine Toilette an Bord haben.

Alberto pflegte meinen Vater liebevoll ‹Kapitalist› zu nennen, denn er war neidisch auf dessen rostigen Mercedes, auf die kleine seeuntüchtige Femina, die kaum Kosten verursachte, auf die schöne junge Freundin mit der Zigarrenstimme und auf andere schöne nackte Frauen, die mein Vater zeichnete.

Auch auf die kleine Tochter Eva und sogar auf die Leberwurst war er neidisch.

Mein Vater sah aber auch viel besser ernährt aus als Alberto.

Wenn die beiden nackt auf den Plastikstühlen in der Inseltaverne unter den Bäumen saßen, wirkte mein Vater irgendwie wohlhabender und benahm sich auch so.

Zum Beispiel hat er Alberto und Schnuck einfach zum

Essen eingeladen, weil die so darüber jammerten, wie hoch ihre Lebenskosten seien und sie nicht mehr wie früher ins Restaurant gingen, sondern Schnuck abends für sie eine Dose Ravioli aufmachte.

Dann fuhren Alberto und Schnuck mit dem kleinen Sportboot zurück zur Jacht, brachten dem Taschenhund noch die Tellerreste mit und hatten somit direkt zwei Dosen eingespart.

Aber die holten wir uns dann in Form von Cola wieder zurück.

Am schlimmsten war für Alberto die Vorstellung, dass er selbst von morgens bis abends in seinem langweiligen Radiogeschäft stehen musste, um sich sein Eigenheim und die Jacht zu erhalten, wogegen mein Vater in seiner billigen Mietwohnung morgens immer erst mal schön ausschlafen und ganz lange mit seiner Freundin frühstücken konnte, weil sie Studentin war.

Am Nachmittag saß er dann schön am Zeichentisch und zeichnete Karikaturen, in denen er sich über Kapitalisten und Kleinunternehmer, wie zum Beispiel Alberto, lustig machte.

Abends veranstaltete mein Vater dann seine Volkshochschulkurse im Aktzeichnen und studierte dort in aller Ruhe die Proportionen der Modelle, wofür er auch noch Geld bekam.

Oder er stand mit seiner Jazzband im Mittelpunkt einer Kneipe, umgeben von hübschen engagierten Studentinnen und machte wilde Musik.

Und danach wollten die sich dann auch noch alle nackt von ihm zeichnen lassen.

So stellte sich Alberto das Künstlerleben meines Vaters vor.

Alberto hatte nur seine riesige Bügeleisenjacht, seine Schnuck, die den Taschenhund verhätschelte, und die Illusion, wenn Schnuck noch im Laden stand und er schon mit den Grazien auf der Jacht war, dass er der Tollste sei und die Grazien nur ihn wollten und nicht bloß sein chices weißes kunstlederbezogenes Sonnendeck. Armer Alberto …

Mein Vater verbrachte Stunden auf seiner Jacht, um mit ihm zu diskutieren, bis er merkte, dass Alberto sich gar nicht für Politik interessierte und einfach nur Urlaub machen wollte.

Dann machte er auch einfach nur Urlaub.

MEIN VATER ALS MUTTER

Nach sechs Wochen war der Urlaub zu Ende, das Boot wurde vom Fischerchor aus dem Wasser gezogen und den langen holperigen Weg hinaufgeschoben, um es in Jerkos Garten mit einer Plane winterfest zu machen.

Am Abend wurde noch einmal laut gesungen und Wein getrunken, dann ging es wieder ab nach Hause.

Traumurlaub zu Ende.

Den Rest des Jahres verbrachten wir im ehrlichen Oberhausen an der Emscher.

Mein Vater löste die Aufgabe, die alleinige Kindeserziehung, das Malen und Musizieren und das Feiern unter einen Hut zu bringen, immer sehr elegant.

So veranstaltete er in einem kleinen Fabrikgebäude mitten in Oberhausen, das nach dem Amt für Berufsverbot ‹Fabrik-K14› hieß, sonntagmorgens einen Jazzfrühschoppen mit Kinder-Malaktion und Flaschenbier. Dort fanden normalerweise nur so ernste politische Diskussionen statt, darum nannte man das Kommunikationszentrum.

In der oberen Etage befand sich logischerweise auch noch sein kleines Atelier. Die Kunsterzieherin Hilde war lustig und kümmerte sich um die Kinder. Die wilde Hilde kannte ich auch schon von ganz früher aus Jugoslawien, damals mit dem Salat auf dem Bauch.

Es wurde also gemalt, musiziert und gefeiert, wobei mich

mein Vater im Auge behalten konnte, denn ich malte und bastelte mit den anderen Kindern.

Oder ich saß auch gerne an der altmodischen Kasse mit der Drehkurbel und kassierte den Eintritt.

Einmal wollte jemand am Sonntagmorgen die drei Mark Eintritt nicht bezahlen, weil er angeblich dienstlich da war.

Weil ich nicht wusste, was ein Kulturdezernent ist, kletterte ich zu meinem Vater auf die Bühne und fragte ihn. Mein Vater erkannte den Kulturdezernenten von Oberhausen, der sich weigerte, den Eintritt zu zahlen, und brach in schallendes Gelächter aus.

Dann fing er an, laut zu rechnen: Es waren etwa fünfzig Gäste da, mal drei Mark, macht hundertfünfzig Mark, geteilt durch fünf Musiker, sind dreißig Mark (heute 15 Euro) pro Musiker als Gage, für Anfahrt, Aufbau, drei Stunden Musik machen, Abbau und Heimfahrt!

Das wurde dem Kulturdezernenten, der angeblich dienstlich da war, genauso vorgerechnet. Der nahm sich das aber gar nicht zu Herzen, sondern fuhr lieber nach Hause, um dort beleidigt zu sein.

Da saß er dann auf seinem Beamtengehalt und guckte gegen die Tapete, allein und ohne Musik.

Die <Kuro-Band> bestand in erster Linie aus meinem Vater und einem selbstgeschriebenen Telefonbuch, worin er alle Musiker aufgeführt hatte, die er kannte. Wenn er einen Job hatte, rief er die Musiker an, und wer Zeit hatte, spielte mit.

Neben dem Jazzfrühschoppen, den er im K14 organisierte, spielte er oft auf den Festivals der Jusos, der Gewerkschaften und der DKP.

Für das Pressefest der Zeitung <UZ – Unsere Zeit> hat er auch schon mal das Bühnenbild gemalt und die Plakate gestaltet.

Mit Fasia war er auf der großen Bühne aufgetreten und hatte danach noch mit seiner Jazzband in einem kleineren Zelt gespielt. Voller Einsatz.

Ich kam immer mit, denn die hatten ein tolles Kinderprogramm.

Das war wirklich toll, denn es gab dort keine Schlagermusik und Chart-Hits für «die Kids», wie das heute auf diesen furchtbar langweiligen Stadtfesten üblich ist, die von den Geschäftsleuten gesponsert werden, um die Kunden aus dem Einkaufszentrum in die Stadt zu ihren Geschäften zu locken.

Immer nur Hüpfburg, Kistenklettern, Kinderschminken und Bierstand ...

Auf den linken Festivals wurde noch mit viel Phantasie gearbeitet.

Es gab ein Riesenangebot von freien Theatergruppen, Artisten, Liedermachern, Zauberern und Clowns. Allein für die Kinder!

Für die Erwachsenen gab es Musik unter freiem Himmel auf zwanzig Bühnen. Begnadete, aber in ihrer Heimat unterdrückte Künstler aus aller Welt traten dort auf. Es gab Musik aus Afrika, Jamaika, Chile, Griechenland, Kuba ... sogar eine Dixieland-Band aus der DDR. Da ging es um Jazz. Jazz ist ja auch Musik von den Unterdrückten.

Und Speisen und Getränke aus den Ländern mit Militärregimes wurden an den unzähligen Ständen angeboten. Das waren ganz schön viele Leckerbissen.

Dann gab es natürlich auch eine Hauptbühne in der großen Festhalle, wo die großen Redner die Menge aufwühlten. Solidarität und Liebe zu den Menschen, der Kampf für die «gute Sache», der gemeinsame Wunsch nach Einheit und Gerechtigkeit kochte die Luft der Halle auf und riss die Ergriffenen von den Stühlen. Dann kam der Gewerkschaftschor und anschließend alle Stars der Szene. Die Liedermacher Franz Josef Degenhart, Hans Dieter Süverkrüp und die mächtige Fasia, die mit ihrer Gospelstimme und der Gitarre um den Hals die Halle zum Mitsingen brachte, zusammen mit meinem Vater hinterm Kontrabass.

Auf diesen kreativen Kinderfesten der DKP oder der Gewerkschaft konnte man mich jedenfalls beruhigt spielen lassen und weggehen, um Musik zu machen, Leute zu treffen, zu reden und Bier zu trinken, ohne dass ich was vermisste.

Es gab immer Freunde meines Vaters, also nette Erwachsene, die sich um mich kümmerten. Mein Vater kannte unheimlich viele Leute.

Irgendwann lernten wir eine Gruppe kennen, die den albernen Mitmachzirkus ‹Remmidemmi› für Kinder veranstalteten, in den mein Vater spontan als Trompeter aufgenommen wurde.

Er überraschte uns mit Fähigkeiten, von denen niemand etwas ahnte, denn die hatte er als Jugendlicher im Turnverein erlangt.

Zum Beispiel konnte er einen Handstand auf den Armlehnen eines Stuhles ausführen. Anschließend ging er auf den Händen eine Runde durch die Manege.

Mein Vater war eigentlich der Einzige, der in diesem Zirkus überhaupt was konnte. Ich habe als seine Assistentin ein paarmal Radschlag gemacht und bin über ein Seil gelaufen, das auf dem Boden lag.

Trotzdem habe ich auch dafür unheimlich viel Applaus bekommen.

Das war ein sehr dankbares Publikum.

Danach krabbelten fünfzehn als Tiger angemalte Kleinkinder fünfzehn Minuten im Kreis, total langweilig.

Aber mein Vater spielte dazu ‹Caravan› auf dem Flügelhorn:

Tobender Beifall!

Zu Hause haben wir geübt und artistische Turnübungen gemacht.

Mein Vater lag im Wohnzimmer auf dem Sofa und ruhte sich aus. Dann kam ich und kletterte über ihn.

Davon ist er dann aufgewacht und hat blitzschnell seine Bauchmuskulatur unter meinem Gewicht angespannt, wobei er so ähnlich wie «Nghah!» machte.

Er musste dann die Arme nach oben strecken und die Beine ganz doll anwinkeln, damit ich mich auf seine Fußsohlen stellen konnte. Dann drückte er mich mit den Beinen hoch.

Dabei stützte ich mich zuerst noch auf seinen Händen ab, doch wenn die Beine meines Vaters gerade waren und nicht mehr so stark zitterten, versuchte ich mich aufzurichten und freihändig auf den Fußsohlen meines Vaters eine gute Figur zu machen, so wie ich es im Turnverein gesehen hatte.

Ich stieß mit dem Kopf fast an die Decke.

Für einen Salto auf den Füßen meines Vaters hatte der Platz nicht mehr gereicht, denn die Decke war entsprechend der siebziger Jahre abgehängt.

Dafür war das Sofa eine riesige braune Wohnlandschaft und bot sich für einen eleganten Absprung an.

Den selbstgebauten weißen Kunststofftisch, der aus vier großen Wellen bestand, auf denen eine dicke Glasplatte lag, hatte ich auch weggeschoben, sodass man schlimmstenfalls auf den naturweißen Flokati fallen konnte.

Aber es passierte nie etwas, weil wir hochkonzentriert waren.

Die Wand, an der ich mich hatte abstützen können, hing bis zur Decke voll mit gerahmten Bildern, und die durften nicht kaputtgehen.

Wenn er nicht müde war, zeigte mir mein Vater artistische Rock-'n'-Roll-Einlagen, indem er mich im Zimmer und um sich herum schleuderte.

Wir waren richtig sportlich.

HÖHLEN-BARBIES

Dadurch, dass meine Mutter nach Bremen ausgewandert war, fehlte uns ihr Krankenschwesterngehalt. Mein Vater konnte von den Volkshochschulkursen gerade die Miete zahlen. Was zu essen verdiente er mit dem Bass oder mit einer Zeichnung für ein politisches Plakat oder einer Karikatur für die Zeitung.

Ab und zu verkaufte er sogar ein Bild an einen Gewerkschaftsfunktionär, der es in sein Büro hängte. Davon fuhren wir dann in den Urlaub.

Manchmal hatte er aber nur wenige Auftritte, und die Zeitungen nahmen einen anderen Karikaturisten oder sogar ein Foto.

Dann stand die Vermieterin im Krokodilskostüm vor der Tür: «Herr Kurowski! Sie müssen die Miete zahlen, sonst muss ich Ihnen kündigen!»

Als ich einmal mein Fahrrad durch den Flur getragen hatte, weil der Hausmeister sagte, ich darf nicht schieben, habe ich dabei den Lack an der Tür ein ganz kleines bisschen beschädigt, was der Hausmeister mit seiner Lupe genau gesehen hatte.

Da sagte die Vermieterin: «Herr Kurowski! Waschen Sie ihrer Tochter mal gründlich den Kopf!» In dem Moment kam ich zufällig mit nassen Haaren und Shampoo in der Hand aus dem Badezimmer.

Wir lachten, und die Vermieterin war ziemlich verwirrt.

Irgendwann kam auch ein Gerichtsvollzieher wegen Steuern, die mein Vater nicht bezahlen konnte, weil er gar nichts verdient hatte.

Die haben einfach seine vielen Bilder geschätzt und gesagt:

«Dieser Mann ist ein Millionär!»

Aber den Kuckuck hat der Gerichtsvollzieher nicht auf die angeblich so wertvollen Bilder gemacht, sondern auf eine alte Eichentruhe von meinem Opa Willi. Da hab ich ihn lieber auf die Toilette geklebt, sollten sie die doch pfänden.

Mein Vater hat mir erklärt, dass das verboten ist, aber wir haben uns immer wieder gefreut, wenn wir aufs Klo gingen.

Irgendwie hat mein Vater dann die Leute vom Finanzamt überzeugen können, dass er doch kein Millionär war, und wir durften die Toilette behalten.

Ich hatte auch ein paar Spielsachen, Legosteine, Autos, Plüschtiere und vor allem Bücher in meinem Zimmer, aber die Mädchen in meiner Klasse erzählten alle von ihren tollen Barbiepuppen. Von da an wünschte ich mir auch welche, obwohl ich gar nicht so richtig wusste, was man damit spielen sollte.

Meine Tante erbarmte sich: «Dat Mädchen muss doch 'ne Barbie haben!»

Und von meiner Mutter bekam ich schließlich auch noch eine.

Da fehlten mir natürlich die Anziehsachen, die sehr teuer sind, denn darum ging es in dem Spiel, wie ich später feststellte.

Da ich nur zwei Mark gespart hatte, löste ich dieses Problem in einem Pelzgeschäft am Friedensplatz, wo es für zwei Mark eine kleine Tüte mit Fellresten zu kaufen gab. Nun hatte ich genug Material, um meinen Barbies mit der Hilfe von Stecknadeln ganz echt aussehende Fellkostüme anzuziehen, im Stil des Neandertalers.

Sie sahen dann wirklich aus wie Raquel Welch mit Tüten-BH und Lidstrich in dem Film ‹Eine Million Jahre vor unserer Zeit›.

Aus meinem Federbett baute ich noch eine große geräumige Höhle, in die ich eine Feuerstelle aus roten und gelben Legosteinen mit Watte als Rauch packte. Um das Feuer saßen dann die Höhlenbarbies mit den langen Haaren in ihren Fellkostümen und sahen unheimlich echt aus. Als Jagdwaffe bekamen sie hölzerne Schaschlikspieße, die ich mit Klebeband an ihre Hände klebte, damit sie den Actionszenen standhielten. Mein Stoffelefant ersetzte dann das Mammut und wurde von den Barbies im Kollektiv gejagt, gegrillt und verspeist.

Später habe ich mit meinen Freundinnen «richtig» Barbie gespielt. Dann hatten wir auch Ken dabei, den Mann von Barbie, der mit seiner gepflegten Kurzhaarfrisur überhaupt nicht ins Neandertal passte. Meine Freundin hatte sogar Barbiekinder, die sie mitbrachte. Meistens ging es in dem Spiel um die Scheidung und wer die Kinder bekommen soll:

«Barbie, die Kinder kommen zu Petra und mir! Wir können ihnen wenigstens eine Zukunft bieten!», sagte Ken.

Barbie schrie auf: «Wenn du das tust, bringe ich mich um!»

Sie taumelte und drohte, von der Tischkante zu springen. Doch Ken blieb hart.

«Ich lasse mich von dir nicht erpressen … Petra und ich gehören zusammen!», sprach Ken entschlossen, worauf Barbie in Ohnmacht fiel und mit den Worten: «Aber ich

liebe doch nur dich – dich und die Kinder!» das Gleichgewicht verlor.

Furchtbar klang der Schrei aus ihrer Kehle, als sie von der
Tischkante abrutschte.

Leiser und leiser wurde der lange schreckliche Schrei,

während sie in die Tiefe hinabstürzte, wo sie dank ihrer beweglichen Kniegelenke sehr realistisch auf dem Linoleumboden aufschlug.

Ken kletterte geschickt wie ein Feuerwehrmann das Tischbein hinunter, stürmte zu Barbie, nahm ihren Kopf auf seinen Schoß und beugte sich nah zu ihrem Ohr, um ein schwaches «Oh, Ken!» zu vernehmen. Ein heftiges Aufbäumen durchfuhr ihren schlanken Körper.

«Oh, Ken …»

Sie hauchte ihr Leben aus.

«Hhhhh …!»

Sie war tot.

Ken warf seinen Kopf in den Nacken, riss die Arme in den Himmel und schrie mit heiserer Stimme: «O mein Gott, Barbie! Das habe ich nicht gewollt! Ich habe doch auch immer nur dich geliebt! O mein Gott, Barbie!! Verzeih mir!!!»

Ken sackte in sich zusammen und beugte sich zuckend über Barbies Leichnam, um hemmungslos zu weinen.

Da kam zufällig Petra mit den Kindern vorbei.

«Ken, o mein Gott, was ist geschehen!?»

Die Kinder stürmten zu ihrer toten Mutter und weinten.

Petra nahm Ken tröstend in die Arme, worauf er zurückzuckte und sie wütend von sich stieß: «Fass mich nicht an! Das ist allein deine Schuld! Ich will dich nicht mehr sehen! Verschwinde aus meinem Leben!»

Das sagte er mit kalter fester Stimme.

Petra schüttelte den Kopf, wobei sie langsam rückwärts ging.

Ken rief noch einmal wie von Sinnen: «Du sollst verschwinden, ich ertrage deinen Anblick nicht!»

Er umklammerte Barbie. «Oh, Barbie!!!»

Immer wieder schrie Ken schluchzend ihren Namen.

Die Kinder weinten auch.

Petra schwankte langsam auf wackeligen Beinen immer weiter zurück, immer wieder öffnete sie die Lippen, und kraftlos kam immer wieder ein fast stimmloses: «Nein … nein …»

Alles drehte sich vor ihren Augen, und sie taumelte.

Dann wendete sie ihren Blick und rannte laut schreiend davon.

«Neeeeiiin!»

Ken schloss seine Kinder in die Arme und sagte ernst: «Jetzt sind wir ganz allein.»

HUNDERTACHTUNDSIEBZIG
MINUTEN BIS BREMEN

Alle zwei Wochen besuchte ich meine Mutter in Bremen.

Freitags nach der Schule packte ich meine Tasche, und mein Vater brachte mich zum Bahnhof, wo ich, während der Zug losfuhr, daran denken musste, dass meine Eltern sich getrennt hatten.

Dann hatte ich einen riesigen Kloß im Hals.

Wenn ich schluckte, musste ich heulen und tat so, als wäre ein Staubkorn in mein Auge geflogen, damit mein Vater am Bahnsteig nicht auch traurig wurde und mit irgendwie schlechtem Gewissen in Oberhausen bleiben musste.

Die Fahrt dauerte drei Stunden, in denen das Abteil immer wieder von Mitreisenden verlassen und neu belegt wurde.

Immer wieder wurde ich von den Reisenden gefragt, wohin ich fuhr, denn sie wunderten sich, dass ein kleines Mädchen allein mit dem Zug unterwegs war.

Aber ich wollte da gar nicht dran erinnert werden, und so begann ich, mir die abenteuerlichsten Geschichten auszudenken.

Einmal dachte ich mir aus, dass ich ein Zirkuskind sei und noch zur Schule musste, während meine Eltern schon in Bremen das Zelt aufbauten. Mein Vater wäre Zirkusdirektor und meine Mutter Zirkusprinzessin, hoch zu Pferde.

Nun stand das Zelt, und ich kam mit dem Zug hinterhergereist.

Ich behauptete, ich machte dort eine Nummer als Schlangenmensch und verblüffte die Reisenden mit ein paar Verrenkungen, die ich im Kunstturnverein auf dem Schwebebalken gelernt hatte. Zum Beispiel ging ich aus dem Stand rückwärts in die Brücke, was in dem schmalen Abteil sicherlich sehr eindrucksvoll aussah.

Diese unglaubliche Geschichte war komischerweise die erfolgreichste, und ich sah an den faszinierten Gesichtern, dass man mir Glauben schenkte.

Ich hatte wohl auch das Talent, es so normal zu erzählen, als wäre mein Vater Bauarbeiter und meine Mutter Hausfrau, weil ich richtig in meiner Geschichte drin war und mich wirklich schon auf das Zirkuszelt freute.

Als es mir zu langweilig wurde, die Zirkusgeschichte alle zwei Wochen weiter zu variieren, erfand ich neue Geschichten, in denen ich vielleicht etwas zu dick aufgetragen habe, denn die interessierten höflichen Mitreisenden verzogen ihre Gesichter zu einem verzückten Zitronenlächeln.

Meine Lieblingsgeschichte war inspiriert von Pipi Langstrumpf, mit der ich mich fast pathologisch identifizierte. So war mein Vater Kapitän auf einem kleinen Schiff in Kroatien, und meine Mutter war von albanischen Seeräubern entführt worden. Da mein Vater das Lösegeld nicht besaß, versuchte er sich auch als Pirat, aber er scheiterte an seiner Gutmütigkeit und weinte seitdem Tag und Nacht. Irgendwann hielt ich es nicht mehr aus und verkaufte mein Akkordeon weit unter Wert an einen Zigeuner. Von dem Geld kaufte ich mir eine Fahrkarte nach Bremen, wo eine reiche Tante von uns wohnte, die ich um das Lösegeld bitten wollte.

Natürlich fragten die Zuhörer mit Zitronenlächelgesicht,

wie hoch denn das Lösegeld sei. Eintausend Mark, sagte ich, aber das ist für einen Albaner sehr viel Geld!

Diese Geschichte erzählte ich, als ich zum ersten Mal nach sechs Wochen Jugoslawienurlaub braungebrannt mit ausgeblichenen Haaren und selbstgebastelter Muschelkette um den Hals die Mutter besuchen fuhr.

Ich hatte nie das Gefühl zu lügen, sondern glaubte so stark an meine eigenen Geschichten, dass ich mich am Bremer Bahnhof wunderte, wenn meine Mutter und ihr Freund plötzlich dastanden und von den albanischen Seeräubern gar nichts wussten.

Der Freund meiner Mutter hieß Lulle, und zwar freiwillig.

Ich gab in der Schule an, ich hätte zwei Väter, so toll fand ich ihn. Er trug spanische Stiefel, ein Ibiza-Körbchen zum Einkaufen und dazu ein Gesicht wie in einer Abenteuer versprechenden Zigarettenreklame, sogar mit Schnurrbart.

Meine Mutter begrüßte mich am Bahnhof mit den Worten:

«Mein Gott, siehst du schlecht aus!», womit sie ausdrücken wollte, dass mein Vater nicht in der Lage sei, sich um mich zu kümmern, und ich besser bei ihr wohnen sollte.

Aber ich wollte nicht, denn dann wäre mein Vater ja ganz allein, und sie hatte ja Lulle, und der war ja auch toll.

Lulle besaß ein grünes VW-Käfer-Cabriolet, in das wir einstiegen und zur schönen großen Altbauwohnung fuhren, die dunkelgrün gestrichen und voller alter Sachen war. Im Wohnzimmer stand ein Regal aus alten Gemüsekisten, in dem er neben seinen Büchern und den Schallplatten von den Rolling Stones, Neil Young, Eric Clapton und Keith Jarrett auch ein Shillum aus alten Studentenzeiten aufbewahrte, wie er sagte.

Im Garten ragte ein riesiger Birnbaum in den Himmel, auf den ich mal geklettert bin. Die beiden haben mich unten mit ihrem Geschrei so nervös gemacht, dass ich mich gar nicht mehr konzentrieren und wie sonst runterklettern konnte.

Aber das muss man verstehen, die hatten Angst. Die hätten sich das selber niemals getraut.

Lulle hatte auch einen Balkon, der aussah wie vier Quadratmeter Toskana. Auf dem wurde gegrillt. Er sprach immer so lustig, und meine Mutter machte mit.

Er hatte zum Beispiel Salat «selber gemacht mit Pfötchen».

Oder es wurde auch gereimt:

«Keiner schmiert die Stulle wie die alte Hausfrau Lulle.»

Mit seiner Katze Jule spielte ich auch, sie aber nicht mit mir, denn sie war eine Art Frührentnerin und saß nur auf ihrem Altenteil.

Das Schlafzimmer war auch gleichzeitig das Zimmer meiner Mutter, denn hier stand ein riesiger Lamellenschrank, vollgestopft mit Mutters Kleidern, und sogar ein Waschtisch mit Spiegel befand sich in dem Raum. Wenn wir dann auf eine Party eingeladen waren, verschwand meine Mutter nachmittags in «ihrem Zimmer» und probierte stundenlang die verschiedensten Kleiderkombinationen durch, wobei sie sich entspannte und von ihrer schweren Arbeit als Krankenschwester erholte, um sich anschließend gestärkt die Haare aufzudrehen und mit dem Make-up zu beginnen.

Mein Vater hätte zu viel gekriegt, denn er mag es lieber, wenn Frauen von alleine schön sind. Das findet er natürlich.

Als die Sonne unterging, ging die Tür auf, und das Zimmer erstrahlte wie in einem Barbie-Werbespot. Das lag an dem Gesicht meiner Mutter, das vor Freude über das schöne

Kleid und die schönen Locken leuchtete, und weil ihre Augen und Zähne so strahlten. Sie drehte sich ein paarmal im Kreis und fragte: «Na?»

Mein Vater hätte jetzt vollkommen ungeduldig gesagt: «Ja, ja, aber jetzt komm endlich, die warten schon alle. Und für mich musst du das nicht machen! Mann, ich glaub das nicht! In der Zeit hättest du besser eines von den Büchern lesen sollen, die ich dir auf den Nachttisch gelegt habe, dann könntest du dich wenigstens auf der Party vernünftig unterhalten!» Daraufhin wäre meine Mutter nach all der stundenlangen Mühe, die sie sich gemacht hatte, so stocksauer und enttäuscht gewesen, dass sie vielleicht gar nicht mehr mitwollte, wodurch er sich natürlich nur bestärkt fühlte zu glauben, dass sie nun total beknackt und bescheuert geworden sei.

Lulle dagegen wusste genau, wie man mit dieser Frau umzugehen hatte. «Susanne Tausendschön!», rief er aus und schnalzte mit der Zunge. Meine Mutter wurde ganzkörpersteif vor lauter Stolz und Glück über diese Betitelung und blieb für den Rest des Abends so, bis sie sich vor dem Schlafengehen abschminkte.

Dann verwandelte sie sich wieder in eine normale Frau.

Das Wochenende über wurde ich je nach Jahreszeit aufgepäppelt und verwöhnt mit Schlittschuhlaufen an den zugefrorenen Deichen der Weser, langen Spaziergängen im Torf und Radtouren mit Kohl und Pinkel essen, was nicht lecker klang, aber in Wirklichkeit Grünkohl mit Würstchen war. Oder wir schwammen nackt im Bremer Uni-See und surften, denn Lulle hatte sogar ein Surfbrett und brachte mir das Surfen bei.

Meine Mutter freute sich und war stolz, weil ich so gut erholt aussah. Ich freute mich auch, meine Mutter so glücklich und unternehmungslustig zu sehen. So hatte ich sie in den letzten Jahren mit meinem Vater in Oberhausen nicht erlebt. Da war sie oft wütend und gereizt gewesen. Das kam vom langen Unglücklichsein.

Nun war sie richtig entspannt.

Sonntagnachmittags packte ich wieder meine Tasche, wurde zum Bremer Bahnhof gefahren und während der Zug losfuhr wieder daran erinnert, dass meine Eltern sich getrennt hatten. Diesmal kein Staubkorn, denn die Mutter weinte auch, rannte mit dem anfahrenden Zug mit und winkte noch ganz lange mit ihrem verrotzten Taschentuch. Wieder eine Geschichte.

MEINE MUTTER ALS KÜNSTLERIN

Irgendwann war es amtlich, und meine Eltern wurden geschieden.

Der Richter bestimmte, dass ich bei meinem Vater bleiben durfte. Meine Mutter war stocksauer.

Sie hatte mich nämlich schon in Bremen an der Waldorfschule angemeldet und alles vorbereitet.

Aber ich wollte lieber in Oberhausen bleiben, denn ich mochte nicht noch mehr Veränderung, weil ich noch ein Kind war, und dann will man das nicht. Wenn man etwas nicht will, dann muss man das auch nicht machen. Mein Opa wollte zum Beispiel nicht, dass mein Vater den Dienst an der Waffe ausüben sollte, und darum hat mein Vater schon in den fünfziger Jahren als einer der Ersten den Kriegsdienst verweigert.

Er musste zwar eine Geldstrafe zahlen, aber keinen Zivildienst leisten, denn so was gab es damals noch gar nicht.

Das wurde erst viel später erfunden, als die anderen es meinem Vater alle nachmachten.

Kaum dass meine Eltern geschieden waren, ging es erneut in den Sommerurlaub nach Jugoslawien. Das Schöne für mich war, dass meine Mutter und Lulle uns mit dem alten VW-Käfer-Cabrio besuchen kamen. Sie fuhren die kroatische Küste runter nach Split und von dort mit der Fähre bis zur Insel Hvar, wo wir schon warteten.

Ich wohnte mit meinem Vater und der Zigarrenstimme auf der Femina, die in dem schönen Hafen von Vrboska vor Anker lag.

Jeder hatte etwa anderthalb Quadratmeter Platz auf dem Boot. Das fand ich sehr schön. Nie war ich meinem Vater so nah wie in den Ferien. Und das Schöne war, dass meine Mutter und mein Vater sich auch wieder näherkamen.

Wir waren in dem nächstgrößeren Ort Jelsa verabredet und wollten alle dort gemeinsam zu Abend essen.

Mein Vater, die Zigarrenstimme und ich saßen schon im Restaurant und warteten dort in unseren verknubbelten alten Klamotten und den salzverkrusteten Haaren, die man besser nicht kämmte, weil das sehr wehtat.

Wir konnten uns aber nicht groß waschen, denn wir hatten nur einen Fünfundzwanzig-Liter-Kanister Süßwasser an Bord, und der reichte nur zum Zähneputzen, Kochen und Spülen.

Mein Vater mit seinen zotteligen Haaren, den Koteletten und dem langen Schnurrbart sah aus wie ein Seeräuber, die Zigarre hatte etwas von einem Zigeunermädchen, und ich trug ein knubbeliges Nachthemd, was ich so schön fand, dass ich es als Sommerkleid verwendete.

Und ich war barfuß. Immer. Unter den Füßen hatte ich so dicke Hornhaut, dass ich Zigaretten schmerzlos austreten konnte, wofür ich von den zimperlichen pauschalen Urlaubskindern bewundert wurde. Die meisten konnten nur mit Plastikschwimmsandalen schmerzfrei rumlaufen. Und barfuß über die Steine ins Wasser gehen konnte auch kaum einer.

Ich mit meiner Hornhaut war da unabhängiger.

So saßen wir auf der Terrasse des Restaurants und warteten ziemlich lange. Das hatte auch einen Grund: Meine Mutter hatte sich für diesen Abend ganz besonders viel Mühe und Arbeit gemacht. Ich wusste genau, was das bedeutete: Sie hatte in der kleinen Pension, wo sie mit Lulle wohnte, zuerst gründlich geduscht und ihre noch feuchten Haare in kleine einzelne Strähnen aufgeteilt und diese auf verschieden große Lockenwickler aufgedreht, wobei die Strähnen sorgfältig mit dem metallenen Pin, der aus dem Rücken ihres Profi-Frisierkamms wie ein Springmesser herausschoss, und durch eine lang geübte Bewegung am Wickler selbst nochmals nachträglich geglättet wurden.

Mit Metallstiften wurden die Wickler in einem diagonal zur Kopfhaut liegenden Winkel an dieser leicht schmerzhaft festgesteckt, wo sie ziepend Halt fanden.

Dann trug sie eine Maske auf, legte zwei Wattebäuschchen mit Gurkenextrakt auf die Augen und versuchte, sich mal eben schnell auf dem Bett liegend zu entspannen.

Nach etwa zehn Minuten nahm sie die Maske mit einem Wattebausch ab und kühlte das Gesicht mit einem beruhigenden Gesichtswasser, bevor sie eine leichte Tagescreme einmassierte, die eine gute Basis für das nun anstehende Make-up bot, was sparsam und gleichmäßig aufgetragen wurde, wobei man am Gesichtsrand, besonders im Übergangsbereich zum Hals hin, durch leichtes Ausstreichen vermeiden sollte, dass es so aussieht, als hatte man Make-up im Gesicht.

Mit einem hautfarbenen Abdeckstift wurden die Schatten unter den Augen etwas heller gemacht und noch ein rotes Äderchen am Kinn abgedeckt. Anschließend nahm meine Mutter einen großen Pinsel, den sie in eine Dose mit Puder tauchte, welches mit seinen zarten Glitzerpigmenten für einen frischen Teint sorgte, und puderte sich das gesamte Gesicht und das Dekolleté ab. Nun wurden die Augen bearbeitet.

Meine Mutter benutzte Eyeliner wie Sophia Loren.

Sie glaubte, mein Vater fände die gut, weil er mal gesagt hatte, die hätte aber auch so ganz schön große Augen, die Loren.

Mit einem kleinen spitzen Pinsel, den sie in das Tusche-Fläschchen tauchte, versuchte sie hochkonzentriert, einen Strich auf den oberen Lidrand zu malen, der im inneren Augenwinkel schmal begann, in der Lidmitte anschwoll und mit einer lockeren Kurve nach oben dünn auslief. Dadurch bekamen ihre Augen diesen interessanten katzenartigen, orientalischen Ausdruck.

Jetzt galt es, die Wimpern zwischen die Gummierung der Wimpernzange (das ist eine gerundete Zange, die an die Form der Augen angepasst ist) einzuklemmen, wobei man einen Moment lang feste zudrücken musste, währenddessen das Augenlid den Kontakt zum Augapfel verliert, um eine schöne Krümmung der Wimpern zu erzeugen, damit die anschließend aufgetragene Wimperntusche diese zur Geltung bringen konnte, was den Augen ein Strahlen verlieh.

Doch das endgültige Strahlen des Gesichtes wurde durch das Rouge erlangt, welches mit einem weichen Pinsel an den Wangenknochen in dreieckiger Form aufgetragen und sanft verteilt wurde. Mit dem Rest Rougepuder am Pinsel huschte sie rasch über das Kinn und die Schläfenpartie, um dem Gesicht einen einheitlichen Ton zu geben.

Dann entschied sie nach einem kritischen Blick, dass sie die Augen in dem zu erwartenden Abendlicht ruhig noch mit etwas Lidschatten betonen konnte, und sie begann, mit einem Schwammstift das Lid in drei verschiedenen Blautönen einzufärben, wobei sich der Ton im äußeren Augenwinkel verdunkelte, was den orientalischen Ausdruck verstärken sollte und einen interessanten Kontrast zu den flachsblonden Locken darstellte, die inzwischen in der späten Nachmittagshitze getrocknet waren.

Mit dem Lippenkonturenstift malte sie sich den Mund, den sie haben wollte, indem sie die obere Herzform ganz leicht überzeichnete, damit der Mund voller wirkte. Dann wurden die Lippen ausgemalt.

Meine Mutter bevorzugte zu ihrer gebräunten Haut Lippenstifte in hellen Beige-, Rose- oder Orangetönen und überzog die Lippen anschließend mit einem Gloss-Stift, der sie zum Glänzen brachte, was sehr lebendig und frisch aussah. Nur wenn man ganz nah guckte, konnte man sehen, dass der Mund meiner Mutter in Wirklichkeit ein ganz klein wenig schmaler war.

Mit dem Augenbrauenstift zog sie noch mit lockerer Hand eine zarte Linie nach, die den Brauen etwas mehr Schwung verlieh. Dann entfernte sie endlich die ziependen Metallstäbe aus den Wicklern und rollte die gelockten Strähnen vorsichtig heraus, um sie erst einmal mit Haarspray zu fixieren. Dazu hielt sie mit der freien Hand die am Kiosk erstandene ‹Brigitte› wie zum Sonnenschutz über ihrer Stirn und die Luft an, weil sie merkte, dass ihre Bronchien ebenfalls fixiert wurden und sie erst wieder atmen konnte, nachdem sich die klebrige Wolke auf dem kühlen Steinboden abgesetzt hatte.

Sie begann, mit dem Metallstiel ihres Profikammes die Locken zu teilen und vorsichtig herunterzulassen. Dann hob sie die schlanken Arme hoch und toupierte die Hinterkopfpartie durch schnelles Auf- und Abrutschen des Kammes im Bereich des Haaransatzes, bis das Haar in diesem Bereich anfing, leicht zu filzen, wodurch es die Stabilität erlangte, die benötigt wurde, um den Hinterkopf vorteilhaft zu modellieren.

Dieses musste erneut mit Haarspray fixiert werden, sonst

hing nach einer Stunde alles wieder schlapp herunter, und die ganze Arbeit wäre umsonst gewesen.

Nun musste sie noch das Kleid bügeln, das in dem Koffer etwas gelitten hatte. In dem Zimmer befand sich ein kleiner Tisch, den sie als Bügelbrett verwenden wollte. So musste auch noch das Zimmer umgestellt werden, denn an dem Tisch befand sich keine Steckdose.

Das war gar nicht so einfach, und sie rief Lulle herbei, der die Abwesenheit meiner Mutter mit einem kühlen Bier auf dem Balkon genossen hatte.

Schließlich stand sie in dem langen schönen gebügelten Sommerkleid vor dem Spiegel und atmete tief durch. Das war alles sehr anstrengend und viel gewesen.

Nach zwei, drei Atemzügen fühlte sie sich wieder erfrischt und betrachtete sich von allen Seiten mit Hilfe eines kleinen Spiegels, den sie auf den großen Spiegel am Schrank ausrichtete, um zu kontrollieren, ob sie keinen Fehler gemacht hatte.

Sie puderte nochmals die Nase und die Kinnpartie ab, denn ihr war vom Bügeln sehr heiß geworden und sie begann dort zu glänzen. Sie griff zum Parfüm und zerstäubte kleine Wolken, durch die sie hindurchging, um den Duft anzunehmen.

Dann sprühte sie gezielt auf ihre Handgelenke, den Halsbereich unterhalb der Ohren, die Kniekehlen und zwischen ihre Brüste, eben die Stellen der Haut, die besonders dünn sind und einen Eigengeruch entwickeln, der den Charakter des Parfüms individuell gestalten sollte.

Ich habe früher Stunden damit verbracht, meiner Mutter beim «sich Zurechtmachen» zuzuschauen und fand es immer sehr interessant zu sehen, was überhaupt alles möglich war.

Meine Mutter war eine Künstlerin, ihr Körper ein Gesamtkunstwerk.

Dann endlich kamen sie.

Lulle entdeckte uns und zeigte meiner Mutter, an welchem Tisch wir hingen, denn es war schon spät geworden, und wir waren sehr hungrig. Meine Mutter schwebte wie eine Märchenfee mit Licht von hinten, welches ihre Haare geheimnisvoll verzaubernd leuchten ließ, in ihrem schönen langen Sommerkleid die alte Steintreppe hinunter.

Ich dachte nur: «Mann, was hab ich für eine schöne Mutter!»

Ich glaube, alle dachten dasselbe, auch mein Vater.

Ich habe mir so sehr gewünscht, dass sie sich wieder ineinander verlieben. Deshalb fand ich es sehr schön, dass sie in den darauf folgenden Tagen viel Zeit zu zweit miteinander verbrachten.

Lulle saß dann stundenlang am Strand und redete dort mit der sanften Zigarrenstimme, die ununterbrochen rauchte.

Einmal hörte ich, wie Lulle sagte:

«Dass Erwachsene so 'n Scheiß machen, ist ja noch in Ordnung, aber wenn dann noch ein Kind und ein Halbkind damit drinhängen, das finde ich kacke.»

Das mit dem Halbkind habe ich nicht verstanden, weil die Zigarre war schon zehn Jahre älter als ich, studierte Spanisch und sah aus wie eine Frau.

Ich habe mich auch gerne mit Lulle unterhalten.

Er war ein toller Erklärer, wenn man mal eine Frage hatte, und ich hatte früher noch viele Fragen. Ich mochte auch den Klang seiner Stimme, die einen amüsierten Ton in sich hatte, und die Zigarre mochte ihn auch.

Nach einer Woche stieg die Mutter in das VW-Cabrio und wurde von Lulle weggefahren. Sie musste wieder in das Bremer Krankenhaus gehen, wo die Verletzten in der Notaufnahme schon auf sie warteten.

Da hatte sie dann morgens um halb fünf keine Zeit, um «sich zurecht zu machen» und band ihre Haare zu einem hygienischen Zopf zusammen, um dann sowohl physisch als auch psychisch völlig überfordert diesen harten schlecht bezahlten Beruf auszuüben, der in den Arztromanen so ganz anders dargestellt worden war.

Mein Vater, die Zigarrenstimme und ich blieben noch fünf weitere Wochen lang schön eng auf der Femina und entspannten uns auf den jeweiligen anderthalb Quadratmetern, was mir leichtfiel, denn ich war noch unter anderthalb Meter groß, also genau richtig.

URLAUB MIT MUTTER

Eines Morgens, als wir wieder in unserer Oberhausener Wohnung frühstückten, schlug die Zigarrenstimme sinnlos auf das hohle Ei und phonisierte ein «Eähhh!», das bei etwa zwanzig Herz lag und deutlich zu hören war. Mein Vater und ich lachten uns unheimlich kaputt.

Daraufhin ging sie nach Kuba, um dort Spanisch zu sprechen, Zigarren zu rauchen und beim Aufbau des Landes zu helfen.

Auch Lulle und meine Mutter waren vom Reisefieber befallen und dachten sich ständig neue Ausflüge aus, die an den verlängerten Wochenenden oder auch in den Osterferien angetreten wurden.

Ein paarmal fuhren wir auf die Insel Langeoog, wo es Fotos von der Ankunft gibt, auf denen ich total blass aussehe, was durch meinen türkisfarbigen Pullover kraftvoll unterstrichen wird. Diese Fotos wurden dann immer mit einem mitleidigen «Mein Gott, guck mal!» kommentiert.

Nach einer Woche laufe ich braungebrannt am Strand im Badeanzug, wie Pamela Anderson bei Bay Watch, lachend auf die Kamera zu, allerdings mit Armen und Beinen wie Stöcker. Da heißt es dann: «Da sieht sie richtig erholt aus!»

Ostersonntag hatte ich mir aus Pappe Hasenohren gebastelt und mir dazu aus Watte ein Quastenschwänzchen an den Hintern geklebt.

Auf das Bett springend, überraschte ich die Schlafenden mit einem hüpfend vorgetragenen Ostergedicht.

Dann fuhren wir auch mal ins Elsass, wo ich auf einem Pony reiten durfte, auf dessen breiten Rücken ich mich stellte und mit Leichtigkeit eine einbeinige Standwaage auf dem schreitenden Tier absolvierte, weil ich nun im Kunstturnverein war.

Die Zirkusgeschichte wurde sofort umgeändert, von nun an war ich die Zirkusprinzessin auf dem Pferd und meine Mutter Schlangenmensch.

Wir fuhren in ein vornehmes Restaurant, weil ich vernünftig essen lernen sollte.

Lulle bestellte Froschschenkel und Schnecken.

Mit der Schneckenzange kam ich gar nicht zurecht.

Eine Schnecke flog quer durch das Restaurant und klatschte mit voller Wucht an die Wand, wo sie auf der teuren Seidentapete einen gigantischen hässlichen Fettfleck hinterließ.

Doch Lulle hatte mich wohl wirklich ins Herz geschlossen, denn wir fuhren sogar in den Sommerferien zusammen nach Griechenland, wobei wir die Mutter mit den Koffern per Flugzeug nachkommen ließen.

Der VW-Käfer knatterte zusammen mit den Rolling Stones bis Italien, wo wir uns auf eine alte rostige Fähre einschifften, die uns nach Griechenland bringen sollte.

Wir schliefen auf großen zusammengeschobenen Stühlen und fuhren mit einer kleineren und noch rostigeren Fähre zur Insel Skopelos.

Diese Insel sah aus wie eine Postkarte aus Griechenland, also weiß getünchte Häuser in verwinkelten Gassen und Treppen, die himmelblau gestrichen waren.

Mitten in einem Kiefernwald wohnten wir in einem kleinen Haus und warteten auf die Mutter, die dann auch erschöpft von dem Flug mit ihren Koffern ankam.

Das war sehr schön da.

Eine große Straße riesiger Waldameisen kam uns in der Küche besuchen, die aus einem Gaskocher und einem Kühlschrank bestand, den man mit Eisblöcken kühlte, die man beim Eismacher holen musste.

Sehr romantisch war das.

Abends fuhren wir mit dem Käfer-Cabriolet an den Olivengärten vorbei bis zum Ort und gingen dort am Hafen in ein Restaurant.

Am Nachbartisch saß Herr Reblaus, der berühmte Bassbariton, bei dessen Anblick man sich immer vorstellte, wie er sich mit seinem enormen Körpergewicht über die arme Kalinka walzt.

Hier muss man aber gar keine Angst haben um das besungene weibliche Geschöpf, denn Herr Reblaus war stockschwul und ließ sich aus Düsseldorf Wechselknaben mit rasierten Brüsten einfliegen, die, wie die zwölf Jünger um seine Abendtafel verteilt, an seinem ersungenen Reichtum teilhaben durften.

Herr Reblaus besaß ein Haus auf Skopelos, und zum Leidwesen meiner Mutter besaßen die Wechselknaben dicke Kameras mit Teleobjektiven, womit sie am Strand meine Versuche im Kopfspringen auf einer weit entfernten Klippe ablichteten.

Internet gab es damals noch nicht, sonst hätte man mich später unter www.knabenhafte-maedchen.de anschauen können.

Beim Tanze am Abend kam meine große blonde Mutter besonders gut bei den kleinwüchsigen älteren Griechen an.

Kaum spielte der Wirt einen Sirtaki, schon zerrte man sie auf die Tanzfläche. Im lustigen Reigen ging es hin und her.

Plötzlich versuchte ein besonders kleiner übermütiger Bauer meine Mutter zu schultern, doch er brach unter ihrer Last jäh zusammen.

Ihr aufgeschürfter Arm wurde von den Griechen fachmännisch mit Ouzo übergossen und mit einer aufgebröselten Karelia-Zigarette desinfiziert. Meine Mutter hat überlebt.

In diesem Urlaub lernte ich auch endlich vernünftig zu essen.

In dem Strandrestaurant befand sich nämlich ein Wespennest, und es war eine hohe Kunst, von dem mit Wespen übersäten Teller eine Gabel ohne Wespe in den Mund zu bekommen.

Dagegen waren die Schnecken in Frankreich ein Kinderspiel gewesen.

GESAMTSCHULE

Als ich nach der vierten Klasse die Schule wechselte, blieb der Lehrer Schmidt immer noch da und machte ohne mich weiter. Doch nur wenige Jahre später soll er wieder an seine Orgel zurückgekehrt sein. Wahrscheinlich hatte er da endlich seine Schulden bezahlt und musste auch nicht mehr in diese Schule gehen.

In Oberhausen-Osterfeld wurde plötzlich die allererste Gesamtschule nördlich des Rheins gebaut. Das war ein Pilotprojekt, bei dem man testen wollte, welche Fehler man machen konnte.

Ich wurde natürlich sofort angemeldet.

Der riesige Betonbau mit den knalligen Farbakzenten sah aus wie eine moderne Universität und verlieh dem heruntergekommenen Arbeiterviertel etwas Extravagantes.

Bei der Besichtigung ging es rauf und runter durch die Mensa, in die Stufenräume, die Chemielaboratorien, die Sporthalle, das Amphitheater auf dem Hof, die Bibliothek und das gegenüberliegende Schwimmbad.

Es war total verwirrend, und man konnte sich richtig vorstellen, wie sich wohl eine Oma fühlte, wenn sie auf Wunsch ihrer Kinder in ein hochmodernes Altenheim gesteckt wurde.

Der Direktor erklärte den Eltern, es sei ganz einfach, sich

hier zurechtzufinden, denn jede Etage habe eine andere Grundfarbe.

Meine Klasse bestand zu achtzig Prozent aus Scheidungskindern, die alle bei ihren arbeitenden Müttern lebten, in der Mensa zu Mittag aßen und das Nachmittagsangebot wahrnahmen, weil die Mütter erst nachmittags von der Arbeit nach Hause kamen und dann zu kaputt zum Kochen waren.

Da hatte ich es bei meinem Vater besser.

Der stand morgens auf, machte mir mein Frühstück und kochte Kakao für mich, den er dann mit zwei Tassen am Spülstein stehend kühlte, wobei er den heißen Kakao in dem Abstand, welcher der Spannweite seiner Arme entsprach, von einer Tasse in die andere goss.

Aber das alles tat er nur, um sich wieder gemütlich hinzulegen, sobald ich zur Tür raus war. Darum saß er auch schön ausgeschlafen mittags zu Hause und hatte für uns schon was gekocht.

Die Nachmittage verbrachten wir gemeinsam, das heißt, er zeichnete seine politischen Witze über das kapitalistische System in seinem Schlafzimmer, und ich machte derweil Hausaufgaben oder spielte.

Manchmal malte er auch in seinem Atelier über dem Kulturzentrum Fabrik K 14, und ich war unten in dem Veranstaltungsraum und übte Klavier oder ließ auf dem Spielplatz einen Drachen steigen.

Aber oft haben wir auch einfach zu Hause auf der Couch gekuschelt, Kuchen gegessen und Pan-Tau- oder Pipi-Langstrumpf-Filme geguckt.

Bei Dick-und-Doof-Filmen hat mein Vater immer so gelacht, dass sein Bauch ganz stark gezuckt hat und ich völlig durchgeschüttelt wurde.

Wenn ich mich umdrehte und in sein Gesicht sah, wischte er sich die Tränen ab und krächzte mit hoher erstickter Stimme:

«Wie furchtbar …!» und lachte weiter.

Abends massierte er mir den Rücken, bis ich einschlief, und ging dann zur Arbeit in das städtische Atelier im Schloss Oberhausen, wo seine schwere Lithographie-Presse stand.

Da unterrichtete er dann die Teilnehmer der Volkshochschulkurse im Nacktzeichnen. Das Schloss Oberhausen war eine Kunstgalerie und ein Atelier geworden und gehörte jetzt der Stadt. Aber es war rosa gestrichen und hatte einen schlichten Innenhof mit Springbrunnen. Für meine Phantasie war es mehr als ausreichend zum Prinzessin-Spielen.

Mein Vater war ja als Sozialist gegen Könige und Adelige gewesen, doch ich fand es gut, dass es diesen Grafen damals gegeben hatte, der hier am Rhein-Herne-Kanal dieses kleine bescheidene Schloss mit Dornröschenaroma gebaut hatte. Sonst wären da heute noch ein Baumarkt und noch ein McDonald's.

Hinter dem Schloss gibt es einen alten Tierpark mit See und Ponykutsche. Man muss bis heute keinen Eintritt zahlen, darauf ist die sozialdemokratische Oberhausener Stadtverwaltung mächtig stolz. Hier sollte sich nämlich der Oberhausener Malocher von der Malocherei erholen. Das war so eine Art Dankeschön dafür, dass man überhaupt freiwillig in Oberhausen leben wollte.

Montags veranstaltete mein Vater im Schlossatelier einen Nachmittagskurs für Kinder. Da kam ich immer mit, und wir machten tolle Sachen.

Für eine Seeräubergeschichte, die sich alle Kinder zusammen ausgedacht und mit verstellten Stimmen auf dem zweispurigen Tonbandgerät meines Vaters aufgenommen hatten, bastelten wir aus bemalten Spanplatten eine große Kulisse und führten sie als Puppenspiel auf.

Wir haben sogar Musikinstrumente aus Holz, Kronkorken und Nägeln mit Bindfaden gebaut, mit deren Geräuschen wir die Tonbandaufnahme untermalten.

Ich habe dann auch ein bisschen Klavier gespielt und mein Vater Trompete. Die Stimmen der Seeräuber haben wir extra schneller aufgenommen, sodass wir beim Abspielen alle Zigarrenstimmen hatten.

Den Seeräuberkapitän hat mein Vater so vollkommen überzeugend verwegen gesprochen, dass wir ihm nacheiferten und es richtig gut wurde.

Ich spielte auch eine Sirene, und man hört mich dort zum ersten Mal singen.

Das war von meinem Vater alles ganz schön aufwendig inszeniert worden, und wir waren wochenlang damit beschäftigt, denn es hat unheimlich viel Spaß gemacht. Auf dem Tonband war schließlich eine professionelle Produktion eines Kinderhörspiels, von der man nicht weiß, warum sie nicht schon längst veröffentlicht wurde.

Die Erwachsenenkurse und die Jazzkonzerte fanden aber erst abends statt. Darum war mein Vater auch morgens so müde.

Manchmal musste er schon nachmittags los, wenn die Auftritte in einer anderen Stadt waren und er ganz weit mit dem Auto fahren musste.

Dann nahm er mich einfach mit, denn ich wollte weder so lange alleine bleiben noch alleine ins Bett gehen.

Auf der Rückbank des alten Mercedes lagen warme Decken und mein Kopfkissen. Außerdem nahm ich noch ein Buch mit, meine Blockflöte und Malsachen. Dann fuhren wir los.

Das Buch brauchte ich für die Fahrt zum Lesen, wenn es langweilig wurde, und die Flöte zum Üben, weil die Lehrerin immer sagte, ich könnte so gut sein, wenn ich nur üben würde.

Meinem Vater hat es anscheinend nie was ausgemacht, wenn ich ihm während der Fahrt die Ohren vollblies.

Er bezahlte sogar die Unterrichtsstunden.

Wenn wir ankamen, haben die Musiker erst mal die Anlage und die Instrumente aufgebaut, und ich habe mitgeholfen und mir alles angesehen. Dann gab es für die Musiker im Restaurant um die Ecke was zu essen.

Ich bekam auch was, weil ich die Kabel getragen hatte, sagte mein Vater.

Als das Konzert begann, holte ich die Malsachen raus und tat so, als ob ich gar nicht zuhörte. In Wirklichkeit konnte ich bald alle Themen auswendig singen und versuchte, sie auf der Flöte zu spielen. Damit überraschte ich dann später meinen Vater.

Gegen halb zehn in der Pause wurde ich müde. Dann brachte mein Vater mich zum Wagen, und ich kuschelte mich in die Decken. Nach einer Kurzmassage sagte er mir noch gute Nacht und schloss den Wagen ab. Ich durfte die Knöpfchen nicht hochmachen, egal wer kommt, hat er gesagt, damit mich keiner klauen konnte.

Dann schlief ich so tief, dass ich gar nicht merkte, dass wir um Mitternacht losfuhren. Erst in Oberhausen vor unserer Haustür wachte ich kurz auf, tat aber so, als schliefe ich noch.

Dann trug mein Vater mich keuchend die Treppe bis in den zweiten Stock und legte mich schwer atmend vorsichtig in mein Bett. Ich war zwar sehr dünn, aber dabei schon ziemlich lang für meine zehn Jahre.

Am nächsten Morgen, also vier Stunden später, saß ich

erholt von der schönen Nacht am Frühstückstisch, und mein Vater stand etwas gebeugt in seinem alten Bademantel an der Spüle und goss den Kakao zum Kühlen von einer Tasse in die andere.

Dann ging ich zur Bushaltestelle und fuhr zur Gesamtschule, während mein Vater noch ein wohlverdientes Nickerchen machte.

An manchen Wochenenden übernachtete ich auch bei Fasia und ihrer Adoptivtochter. Ihre Wohnung roch nach Afrika.

Das kam durch die afrikanischen Hölzer und Felle, aus denen Tischchen, Döschen, Figürchen und Trömmelchen hergestellt waren. Fasia lebte in einer kleinen Wohnung, die an einem Kirchplatz lag. Die Glocken im Kirchturm klangen so laut, dass man Herzklopfen bekam vor lauter Schreck, wenn sie zu läuten begannen. Da ich mit der Adoptivtochter abends immer ganz lange wach blieb, wurden wir morgens von dem ohrenbetäubenden Glockenklang geweckt und sprangen mit klopfenden Herzen aus dem Bett, obwohl wir nicht katholisch waren.

Nach dem Frühstück machte Fasia ihre Gesangsübungen. Darum hatte sie auch diese laute sonore Stimme. Ihre Übungen wurden aufmerksam von ihrem großen Papagei verfolgt. Der Papagei hörte genau zu und wiederholte sofort das soeben Gehörte: «Lo-lo-lo-lo-lo-lo-lo-lo-loooh!»

So konnte Fasia mit Hilfe des Papageis überprüfen, ob sie die Übungen gut gesungen hatte, denn der Papagei merkte sich auch die falschen Töne.

Er sang alle ihre Übungen ganz genau nach und konnte dabei Fasias Stimme auf faszinierende Art nachahmen. Besonders ihr starkes Vibrato beherrschte der Papagei perfekt. Wäre Fasia mal krank geworden, hätte der Papagei sie mühelos bei ihren Konzerten vertreten können: ‹A-van-ti-Po-po-lo ... ›

Wenn Fasia nicht zu Hause war, hörten wir den Papagei allein in ihrem Zimmer singen. Man glaubte aber, es sei Fasia, die da sang. Es war unglaublich!

Wir haben dann wiederum den Papagei nachgeahmt und bekamen so indirekt von Fasia Gesangsunterricht. Die Adoptivtochter konnte den Papagei bald so gut nachmachen, dass sie eine ganz tolle Sängerin geworden ist, und ich war auch nicht schlecht ...

GUANTANAMERA, DIE RÜCKKEHR DER ZIGARRENSTIMME

Auf einmal tauchte die Frau mit der Zigarrenstimme wieder auf.

Nun hatte sie sogar eine richtige kubanische Zigarrenstimme mit Rumaroma bekommen, denn auf Kuba rauchen auch die Frauen Zigarre und trinken ausschließlich Rum, denn vom Wasser dort bekommt man Durchfall.

Mit im Gepäck hatte sie zwanzig chilenische Flüchtlinge, die im K14 Informationsabende gegen die Junta in Chile veranstalteten, bei denen die noch tiefer gewordene Zigarrenstimme Gedichte übersetzte, dolmetschte und sogar zur Gitarre sang.

Da man noch Unterkünfte suchte, wurde unser Wohnzimmer kurzerhand in ein Asylantenheim umgewandelt. Von nun an wehte ein südamerikanischer Wind durch unsere Räume, und aus der Küche roch es lecker nach ‹Empanadas›.

Das sind gefüllte Teigtaschen, was nicht so schön klingt.

Mein Vater zeichnete fleißig Plakate gegen Pinochet und spielte ‹Comandante Che Guevara› auf der Trompete.

Die Chilenos brachten auch ihre Instrumente mit, und es war immer was los bei uns. Abends wurde musiziert, und bald konnte auch ich ganz gut ‹Guantanamera› singen. Sogar zweistimmig mit der Zigarre zusammen.

Mein Vater konnte inzwischen auch sehr gut kochen und

versuchte, die dünne Zigarre zu mästen, womit er genauso scheiterte wie bei mir, denn ich fand es auch interessant, nicht zu essen. Mir war es aber einfach viel zu scharf.

Dann musste mein Vater immer nach Hamburg oder sonst wohin und war mit Fasia auf Tournee und ließ die Zigarrenstimme und mich zu Hause, weil ich noch zur Schule und sie zur Uni ging.

Aus irgendeinem Grund verschwand die Zigarre plötzlich wieder.

Ich glaube, es hatte mit den heißblütigen Latinos zu tun, mit denen sie intensiven politisch engagierten Verkehr hatte.

Mein Vater konnte da nicht mitreden, weil die alle spanisch sprachen.

Er übersetzte die Diskussionen zwischen der Zigarre und den Chilenos wahrscheinlich so: «El Pueblo» – *Das Volk*, «unido» – *vereinigt* ...

Das reichte ihm schon.

Er konnte sich vielleicht nicht vorstellen, dass die Zigarre ihn bei dieser tollen Auswahl weiter lieben würde, und hat sie durch seine mangelnden Spanischkenntnisse aus dem Haus und gradewegs in die dankbaren Arme ihrer Verehrer getrieben.

Auf jeden Fall irgendetwas Kompliziertes, was Kinder nicht verstehen.

Weg war sie wieder, und ich stellte morgens das für sie automatisch mitgekochte Ei zum Frühstück für mich selber hin.

Ich aß es leer, drehte es um, haute mit dem Löffel sinnloserweise drauf und übte das tiefe «Eähhh!», wobei ich versuchte, mich in die Zigarre hineinzuversetzen.

DIE TIGERGIRLS

Fast alle Mädchen in meiner Klasse trugen dieselben Sachen und hörten dieselbe Musik, weil das von der Zeitschrift ‹Bravo› so vorgeschrieben wurde.

Sie gründeten einen Club und nannten sich ‹Die Tigergirls›.

Ich wurde natürlich nicht aufgenommen, weil ich erst gar nicht wusste, dass es diese ‹Bravo› gab, und dann auch noch nichts mit den Exemplaren anfangen konnte, die so herumlagen im Klassenzimmer.

Die Fotos von den Bands fand ich einfach nur bescheuert, und was Doktor Sommer über Sexualität erzählte, wusste ich schon, als ich fünf war, weil ich das in dem Kinderaufklärungstheaterstück sehr lustig und detailliert erklärt bekommen hatte.

Mein Vater las nur die ‹WAZ›, die Zeitung ‹UZ – Unsere Zeit› von der DKP, für die er auch zeichnete, und den ‹Spiegel›.

‹Konkret› oder ‹Pardon› natürlich nur wegen der Karikaturen darin. Dann hatte er auch noch den ‹Eulenspiegel› abonniert, ein Satiremagazin aus der DDR, und ich bekam von ihm immer die neusten Ausgaben von Asterix und Obelix, nachdem er sie gelesen hatte.

Meine Mutter hätte vielleicht noch das Frauenjournal ‹Brigitte› und Burdaschnittmuster herumliegen gehabt, aber die war ja in Bremen und wusste auch nicht, was man hier anziehen musste, um nicht schikaniert zu werden.

Die Tigergirls trugen so eine Art Schuluniform, bestehend aus Wranglerjeans mit Schlag, Nahkampfparkajacke aus dem US-Shop mit Drahtbürste in der Brusttasche, schwarzen Boots und einer Außenwelle am Pony.

Meine Mutter bestellte mir in der Zeitschrift ‹Brigitte› einmal ein wunderschönes Rüschenkleid, in dem ich aussah wie aus der Fernsehserie ‹Unsere kleine Farm› und mich fühlte wie eine Prinzessin.

Ich konnte es aber nur zu Hause tragen oder im Urlaub, weil die Tigergirls sofort über mich hergefallen wären, um mich in Stücke zu reißen.

Vielleicht lehnten sie mich ab, weil ich mich fühlen sollte wie das arme Mädchen in dem Horrorfilm ‹Carrie, Tochter des Satans›, dem ich mit meinen langen blonden Haaren sogar etwas ähnlich sah. Ich habe den Film später mal gesehen und konnte mich gut in sie hineinversetzen. Die blickte nämlich auch nicht durch, weil alles für sie von Haus aus fremd war. Nur hatte ich einen lustigen, politisch engagierten Musikervater zu Hause, und Carrie wohnte bei ihrer Mutter, einer besessenen Katholikin, die ihre Tochter aus religiösen Gründen vor der bösen Welt abschirmte, wodurch das Mädchen weltfremd wurde.

Genau wie bei mir: Mein Vater hatte auch immer erfolgreich verhindert, dass ich erfuhr, wer Ilja Richter war, oder dass ich am Ende noch die Hitparade guckte.

Ihn packte sofort die kalte Wut, wenn er diese kommerziellen Spießerveranstaltungen beim Durchdrücken der drei Sender sah, auf denen manchmal zeitlich parallel ‹Disco›, ‹Dalli Dalli› und ‹Zum Blauen Bock› liefen. Dann wurde der Fernseher sofort ausgemacht.

Darum kannte ich das alles nicht. Die anderen sahen aber genau diese Sendungen, und in der Schule konnte ich nirgendwo mitreden.

Ich wusste nur, dass es furchtbar war. Entsetzlich musste das sein, wusste ich. Vor Heinz Schenk hab ich mich als Kind sogar richtig gefürchtet. Mein Vater hat immer so geschrien, wenn der Heinz ins Bild kam.

In der bayerischen Volksmusik wird ja viel geschrien und gejuchzt, aber mein Vater schrie und sprang auf, als hätte ein Mörder von unten durch das Sofa mit einem langen Messer direkt in seinen Hintern gestochen. Ehe ich richtig sehen konnte, weshalb er in solch eine Panik geriet, hatte er auch schon umgeschaltet. Tatort. Ab ins Bett!

Ich fühlte mich genau so naiv und unwissend wie Carrie.

Aufgrund ihrer Unwissenheit und Naivität wurde Carrie auf das Übelste von den gemeinen, bösartigen Klassenkameraden reingelegt. Genau wie ich. Das Mädchen Carrie bekam dann plötzlich Zauberkräfte, und die Situation eskalierte. Alles endete in einem grausamen Rachedrama, wozu Carrie aber gar nichts konnte, denn diese Kräfte hatte ihr der Teufel verliehen, obwohl sie das gar nicht wollte.

Ich hätte auch gerne zaubern gekonnt, aber dann hätte ich sie nicht alle qualvoll verbrennen lassen, sondern gezaubert, dass alle auf einmal ganz intelligent, lieb und lustig geworden wären.

Ich wollte auf jeden Fall nie mehr in den Kleidern zur Schule gehen, die meine Mutter mir kaufte. Und die orangefarbene Zahnspangendose trug ich auch nicht mehr um den Hals.

Da ich Blockflöte spielte und Unterricht an der Musikschule bekam, sollte ich im Musikunterricht etwas vorspielen.

Ich spielte ein Menuett von Bach, und der Lehrer fand das gut.

Ich musste auf dem großen Schulfest in der Mensa vor Hunderten von Leuten solo meine Bach- und Mozartmenuette vorspielen und war ganz schön nervös. Zu Hause übte ich, und sobald ich an das Konzert dachte, verhaspelte ich mich.

Schließlich hab ich aber fehlerfrei gespielt, wahrscheinlich durch ein Wunder, und riesigen Applaus geerntet.

Damit war ich bei den Tigergirls endgültig unten durch.

Ihr Auftritt dagegen bestand aus einer Playback-Vorstellung, in der sie auf der Bühne standen, den Text nicht konnten und versuchten, die Lippen so zu bewegen, als würden sie singen.

Dabei hielten sie ihre Drahtbürsten wie Mikrophone vor den Mund und tanzten so zickig wie die im Fernsehen in der Hitparade zu den Bay City Rollers. Das war eine der zickigen Bands aus England, die gerade zu der Zeit in der ‹Bravo› aktuell waren.

Dieser Auftritt fand aber nur im Klassenzimmer in einer Freistunde statt, wenn der Lehrer nicht da war. Die Musik kam aus dem Kassettenrecorder, und die Bühne bestand aus zusammengeschobenen Tischen.

Da passte die Blockflöte natürlich gar nicht, obwohl ich in meiner Blockflötenzeit alles mitspielen wollte und eigentlich gerne mitgemacht hätte. Aber das war völlig unrealistisch.

Ich saß mit zwei ebenfalls ausgegrenzten Schülerinnen ganz hinten und aß mein Leberwurstbrot.

Die eine interessierte sich für Pferde, was ich erst mal ganz gut fand, weil ich ja als Zirkusprinzessin auch schon mal auf Ponys stand.

Aber dann stellte sich heraus, dass sie nur Pferdezeitschriften las und Pferdeposter sammelte, was ich langweilig fand.

Sie hatte riesige Zähne, die total gelb waren. Wenn sie lachte, dachte man automatisch an ein Pferdeporträt. Ich hab sie mal unverbindlich gefragt, ob sie sich nicht die Zähne putzte, da wurde sie verlegen und stammelte etwas von ‹morgens zum Frühstück immer so gelben Käse essen› oder so ähnlich.

Die andere hatte schon einen riesigen Busen und glaubte, sie sei erst zwölf. Aber der Klassenlehrer sagte irgendwann zu ihr: «Du mit deinen vierzehn Jahren ...» So haben wir erfahren, dass sie schon dreimal sitzen geblieben war.

Ich habe sie einmal besucht, um mit ihr die Hausaufgaben zu machen.

Sie wohnte mit ihrer Mutter und den Geschwistern in einem Raum, wo Vorhänge die Wände ersetzten, damit jeder etwas Privatsphäre hatte.

Als ich kam, wusch sie sich gerade die Haare mit Waschpulver und behauptete, das sei genauso gut wie Shampoo.

Mein Vater glaubte, die hatten einfach kein Geld für Haarshampoo, und sagte noch Ogottogott, als ich ihm von dem Nachmittag dort erzählte. Mein Vater sagte immer Ogottogott oder Jesus und Maria.

Dabei war er doch total unreligiös.

Ich wollte nicht weiter von den Tigergirls schikaniert werden, darum fuhr ich nach Bremen und sprach mit meiner Mutter.

Sie ging mit mir in einen US-Shop und kaufte mir eine Jeans, die ich unten zweimal umkrempeln musste und oben am Bund mit einem Gürtel in Falten legte.

Die Jeans war nämlich sehr teuer, und ich sollte in sie hineinwachsen, denn ich wuchs ja so schnell.

Dazu wählte sie einen riesigen Parkamantel aus, damit ich es an den Nieren warm hatte, denn die Nahkampfjacken der Tigergirls waren sehr kurz.

Abends vor dem Schlafengehen erzählte sie mir die Geschichte von dem hässlichen Entlein, das von den anderen Entenkindern immer ausgelacht wurde, weil es so anders aussah. Eines Tages entwickelte sich das hässliche Entlein zu einem wunderschönen Schwan, und die anderen blieben Enten.

Du wirst schon sehen, sagte meine Mutter.

Als ich mit den Sachen montags in der Schule einlief, jaulten die Tigergirls laut auf und nahmen mir meine Drahtbürste weg, die ich, um korrekt gekleidet zu sein, nun ebenso wie sie in der Brusttasche meines Parkas trug.

Sie warfen sich die Bürste zu und spielten damit ‹Schweinchen fang›.

Da verwandelte ich mich in so eine wie Carrie und bekam plötzlich Zauberkräfte. Man hatte mich zwar nicht mit Schweineblut übergossen wie in dem Film, aber ich war trotzdem übermäßig wütend. Ich drehte auf meinem Klotschen eine lange schnelle Pirouette, bei der ich mein ausgestrecktes Bein mit dem Holzschuh nach hinten auf Kinnhöhe ausgerichtet hielt. Also eine Pirouette kombiniert mit der einbeinigen Standwaage.

Die Tigergirls flohen nach allen Seiten und waren sichtlich erschrocken, weil ich so sportlich war. Eine sagte: «Komm lass die, wenigstens hat se jetzt 'ne Markenjeans!»

Von nun an hatte ich meine Ruhe vor ihnen.

Es dauerte trotzdem noch eine ganze Weile, bis ich ihr für

mich unerreichbar scheinendes Aussehen so blöd fand, dass ich gern anders war.

Diese Einsicht kam durch meine Mutter und ihre Kontakte zu einer Studentenkommune auf dem Bremer Land. Die waren auch alle sehr verschieden und ermutigten mich darin, das zu tragen, was mir Spaß machte.

Wir bastelten zusammen Schmuck aus bunten Glasperlen und klapperten alle Flohmärkte und Secondhandläden ab, was meiner Mutter auch recht war, denn dort bekam man seltene, einzigartige Sachen, die kaum was kosteten.

Ich wählte ein paar weiße Opa-Hemden aus, die wir bunt batiken wollten. Dann entdeckte ich einen schwarzen Persianerfellmantel, der fast bis auf den Boden reichte und unheimlich warm war.

Auch leistete ich mir ein paar Schnürstiefelchen mit kleinen Absätzen, die bestimmt dreißig Jahre alt waren, aber sehr gut erhalten.

Als Krönung schmückte ich mich mit einem roten Schlapphut.

Meine Haare, die durch die jugoslawische Sonne hellblond waren, reichten über den ganzen Rücken.

Ich war sehr stolz, denn alle sagten, dass ich mit den Sachen unheimlich erwachsen aussah. Fast wie die Mädchen aus der Oberstufe oder sogar wie eine Studentin. Und in der Tat: Mit Wimperntusche und Lippenstift konnte ich mich locker in ein kaputtes sechzehnjähriges drogensüchtiges Mädchen verwandeln, das auf den Strich gehen musste.

Dabei war ich aber noch nicht mal dreizehn.

In der Schule registrierte man meine Verwandlung mit Erstaunen.

Die Tigergirls wurden mit einem Mal handzahm, und man nannte mich liebevoll ‹Kurilein›. Das Blatt wendete sich, und man suchte meinen modischen Rat. Plötzlich war ich der Modezar in der Klasse und hatte einen neuen Stil kreiert.

Die Tigergirls lösten sich auf und formierten sich neu als Batikgruppe an unserer Badewanne, wo wir die Fugen der Kacheln gemeinsam einsauten. Ich wurde sogar von der Anführerin nach Hause eingeladen und habe bei ihr übernachtet.

Sie lag wie der schlesische Drache, also wie meine Oma, auf unzähligen Kissen aufgebahrt in ihrem Bett, denn sie schlief mit schmerzenden Lockenwicklern und durfte sich nicht bewegen. Darum hatte sie morgens in der Schule immer diese tolle Außenwelle.

Aber wenig später ließ auch sie ihr Haar einfach wachsen.

Mein Vater hingegen hatte null Verständnis für meinen neuen Hippiestil.

Er war geschmacklich bei der schlichten Eleganz des Bauhaus angelangt. Für ihn sah ich in meinem Persianer aus wie eine geschmacklose Oma, weil er im Krieg geboren worden war und die fünfziger Jahre für ihn das Sinnbild für verkrampfte Bürgerlichkeit und «Gott sei Dank» vorbei waren. Und da gehörte der Persianer mit dazu.

Er mochte auch die Fünfziger-Jahre-Stehlampe mit den abgeschrägten Tütenschirmchen nicht, die ich auf dem Sperrmüll fand und sofort überglücklich nach Hause trug.

Er stand in den siebziger Jahren schon auf Ikea, also auf Papierlampen oder schlichte Chromeleganz und fand alles, was ich anschleppte, furchtbar spießig und schrecklich.

Und so hatten wir bald unseren ersten und einzigen richtigen lauten Streit, als er meinen Persianer in den Mülleimer warf, während ich an diesem warmen Tag nur mit Jacke unterwegs war.

Als ich hysterisch die ganze Wohnung nach dem Mantel absuchte, hat er es mir schließlich gestanden. Er hatte Angst vor dem Jugendamt, weil er alleinerziehend sei und weil die auf ihn als Vater einen besonderen Blick hatten.

Und darum sollte ich nicht auffallen.

Er hatte ihn schließlich weggeworfen, weil der Mantel am Ärmel eingerissen war. Ja, gut.

Ich war stocksauer, holte den Mantel aus dem Mülleimer und flickte das Loch. Leider roch der Mantel nun sehr stark nach Müll und musste noch mit einem Schwamm und ganz viel Shampoo abgerieben werden.

Aber nun hatte mein Vater nicht mehr so viel Angst vor dem Jugendamt, weil er gesehen hatte, dass ich viel gefährlicher werden konnte als die vom Amt. Ich glaube, ich hätte in diesem Moment für diesen Mantel sogar gemordet.

Er konnte ja auch nicht wissen, welch eine Kraft von diesem Mantel ausging, da er nicht, wie ich, ohne Mantel als Schutz täglich wieder mit den Tigergirls hätte kämpfen müssen.

Ich besuchte inzwischen die achte Klasse und wunderte mich sehr, dass sich die anderen Mädchen plötzlich in richtige Frauen verwandelten, mit Büstenhalter und allem Pipapo.

Was mir nicht klar war: Man hatte mich schon mit fünf Jahren eingeschult. Während die anderen Mädchen nun schon dreizehn, vierzehn Jahre alt waren, war ich erst zwölf.

Ich war zwar größer als die Vierzehnjährigen, aber total dünn dabei.

Damit meine Jeans etwas enger wurden, denn ich wuchs nur in die Länge, zog ich sogar im Sommer mehrere Schlafanzughosen übereinander darunter, um die Hohlräume auszufüllen.

Dann packte ich noch etwas Watte in mein Bikinioberteil, um nicht als Einzige der Klasse komplett flach zu sein.

Das war natürlich totaler Stress.

Wenn wir Sport hatten, zog ich mich auf der Toilette um und kam extra zu spät, damit keiner hinter mein Geheimnis kam.

Beim Schwimmunterricht ist mir dann im Wasser die Watte zusammengeschrumpft. Heute sind fast alle Bikinis und BHs mit Schaumstoff vorwattiert. Das ist besser. Dann schwimmt die Watte nicht so im Becken herum und verstopft den Abfluss.

DIE VERWANDLUNG

In dieser Zeit bekam ich von einem extravagant gekleideten jungen Mann mit kahlgeschorenem Kopf aus der Dreizehnten mit ritterlicher Verbeugung einen Brief zugesteckt.

Die Tigergirls staunten natürlich alle, und auch ich war neugierig und überrascht. Alle schnatterten durcheinander, als der bestimmt eins neunzig große Junge außer Sicht war.

Dann zogen sie mich auf die Toilette, denn Mädchen und Frauen gehen wohl tatsächlich immer aufs Klo, wenn es ernst wird.

Ich öffnete unter neugierigen Blicken den Umschlag. In dem Umschlag befand sich ein wunderschöner Silberring mit außergewöhnlichem Design. Ich faltete den Briefbogen auseinander und stellte fest, dass er in Spiegelschrift geschrieben war.

Glücklicherweise befanden wir uns ja direkt vor dem Toilettenspiegel, und so las ein Tigergirl den Brief laut vor.

In dem Brief stand etwas von «Verehrteste, … diesen Ring, den ich für dich anfertigen ließ, als Zeichen meiner Bewunderung … », und so weiter.

Je weiter sie las, desto röter wurden meine Ohren.

Der konnte doch nicht mich meinen! Ich war doch gerade mal dreizehn!

Als sie den Brief zu Ende gelesen hatte, waren meine Ohren dunkelrot. Aber ich fühlte mich verwirrt, glücklich, aufgekratzt und sehr stolz. Wie ein Schwan. Allerdings mit roten Ohren.

Die Tigergirls gackerten wie Enten.

Meine Mutter hatte also tatsächlich recht gehabt.

Der junge Mann mit dem altmodischen schwarzen Anzug, der rasierten Glatze und dem Meister-Proper-Ohrring sah mich als Schwan.

Er selbst wirkte sehr interessant in der Schulumgebung und sah überhaupt nicht aus wie ein Schüler. Eher wie ein Kunststudent.

Jedenfalls sehr außergewöhnlich für das Jahr 1978, wo alle Oberstüfler längere Haare, irgendwelche geerbten Lederjacken, Cord-Mäntel, Schlag-Jeans und auf jeden Fall T-Shirts oder Rollkragenpullover trugen.

Er stand dann plötzlich in der Pausenhalle und erwartete wohl, dass ich nun irgendwie reagierte.

Ich war sehr durcheinander und verlegen. Die roten Ohren wurden zum Dauerzustand. Trotzdem ging ich hin und bedankte mich bei ihm für den schönen ausgefallenen Ring.

Wir verabredeten uns sogar zum Kaffeetrinken in der Stadt.

Da saß er an einem Tisch mit seinem silbernen Zigarettenetui und rauchte ägyptische Zigaretten, die aussahen, als hätte ein Kamel draufgesessen. Ganz platt waren die.

Er bot mir eine Zigarette an, als ich mich setzte.

Mein Gott, für wie alt hielt der mich denn!

Ich nahm die Zigarette entgegen und zündete sie an.

Sie schmeckte nach Ägypten, also nach kratzigem Sand und Kamelkacke, wie man sich Ägypten eben so vorstellt. Ich machte die Zigarette wieder aus und bestellte einen Kakao mit Sahne.

Er himmelte mich offensichtlich an und machte mir immer wieder Komplimente. Du hast sehr schöne Hände, sagte er.

Dann kam der Kakao. Nervös und verlegen knetete ich die warme Tasse.

Durch den Kakaobart, den ich nun trug, und meine kindlich verlegene Art dämmerte ihm wohl doch allmählich, dass er sich strafbar machte mit seiner Liebe zu mir.

Schließlich fragte er mich nach meinem Alter, da war der Spuk vorbei.

Er hatte mich tatsächlich für mindestens sechzehn gehalten!

Es komme ja vor, dass Frauen eine sehr knabenhafte Figur haben, hatte der Abiturient wohl gehofft. Nun war er wirklich sehr enttäuscht, aber es war schließlich nicht meine Schuld, dass ich so groß war. Das kam doch von der Leberwurst!

Sobald er sein Abitur fertig hatte, ging er nach Berlin, um dort Kunst zu studieren. Ich sah ihn nie wieder. Und seinen Ring habe ich auch verloren in meinem Kinderzimmerchaos.

Dafür hatte ich plötzlich eine richtige beste Freundin in meiner Klasse, die Bettina hieß und genauso lang und dünn war wie ich. Also gab es jetzt zwei Schwäne.

Sie war mir vorher überhaupt nicht aufgefallen, weil sie im Gegensatz zu den Tigergirls so ruhig war.

Sie wohnte hinter dem Hauptbahnhof direkt neben dem Förderturm, in dessen Korb ihr Vater in die Erde unter Tage fuhr und sich dort mit dem Kohlestaub die Lunge strapazierte.

Auf dem Gelände stand ein eckiges Einkaufszentrum, was sehr gut für die Mutter war, denn die Mutter war Hausfrau.

Ich habe oft dort übernachtet.

Der Vater kam manchmal erst morgens von der Arbeit und schlief dann bis mittags. Dann waren wir morgens leise, das kannte ich ja auch von zu Hause. Wir entdeckten also viele Gemeinsamkeiten und beschlossen, dass wir zusammen nach Jugoslawien fahren wollten.

Die Eltern von Bettina konnten mit Hilfe von Dias, die mit einer teuren komplizierten Kamera gemacht wurden, davon überzeugt werden, ihre Tochter mit uns an diesem ärmlichen einfachen Ort Urlaub machen zu lassen.

Auch mein Vater hatte eine neue Freundin.

Sie war eine Frau Doktor, wovon man aber nichts merkte, also kein Pelzmantel und Sportwagen, denn sie hatte Soziologie studiert, war schon eine Weile arbeitslos und hatte weniger Geld als wir.

Zu viert ging es dann in den Urlaub, wo die Femina in Jerkos Garten mit einem Wespennest unter einer winterfesten Plane schon auf uns wartete, um enthüllt ins Wasser gelassen zu werden.

In diesem Urlaub wuchsen Bettina und mir auch plötzlich kleine Brüste.

Es war eine unheimliche Erleichterung.

Wir fühlten uns mit einem Mal davon befreit, so tun zu müssen, als wären wir schon total vernünftig und erwachsen.

In den letzten Monaten hatten wir versucht, so ernst und cool wie irgend möglich zu wirken.

Stattdessen waren wir wieder völlig albern und ausgelassen wie früher. Wir gingen schnorcheln, sprangen von der Klippe und holten uns beim Schinkenessen auf den Plastikstühlen lustige Muster auf dem Hinterschinken. Das ganze Programm eben.

Allerdings sind wir auch in einer Nacht heimlich sechs

Kilometer bis zum nächsten Ort nach Jelsa gelaufen, wo es einen kleinen Club gab, in dem The Doors und Pink Floyd gespielt wurden.

Die waren da mindestens zehn Jahre zurück und kannten aus sozialistischen Gründen auch keine ‹Bravo› oder die Bay City Rollers.

Da haben wir auch Jungs kennengelernt, die Hippies aus Sarajevo waren und Gitarre spielten. Die waren aber total langweilig und schliefen den ganzen Tag. Das kam vom Kiffen.

Wenn man sowieso schon ein bisschen langweilig ist und dann auch noch kifft, wirkt diese Droge wie ein Potenzmittel für Langeweile.

Also Leute, wenn ihr langweilig seid: Hände weg vom Stoff.

Andererseits gibt es auch viele lustige Leute, die Hasch rauchen und dann müde und langweilig werden.

Wir dagegen waren vom Schnorcheln zu müde, um nachts zu dem Club zu laufen, wo die dann waren. Also lagen wir ganz brav in unserem kleinen Zelt auf dem Campingplatz in der Nähe des Hafens, denn die Femina wurde doch langsam eng.

Je größer ich wurde, desto mehr schrumpfte das Boot zusammen und verwandelte sich in eine wackelige kleine seeuntüchtige Polyesterschale mit liebevollem Ausbau.

Irgendwann schnappte ich den Satz auf, dass es ja schade sei, dass die Suse sich von Lulle getrennt habe, wobei ich hellhörig wurde.

«Hat sie dir das denn nicht gesagt?», fragte mich die Frau Doktor.

Nun, so habe ich es eben mal zwischen zwei Tauchgängen erfahren. Übrigens, unter Wasser weinen ist ein ganz seltsames Gefühl, besonders wenn es sich um Salzwasser handelt.

Ich hatte auf einmal so Ideen, dass das Wasser deshalb so salzig ist, weil die Fische immer weinen, wenn ein Angehöriger von ihnen getrennt wurde, sei es durch einen größeren Fisch, der ihn verzehrte, oder durch ein Netz.

Ich fand es dann aber doch logischer, dass das Meer durch den Urin der Meeresbewohner mit Salz angereichert wurde, denn die Idee mit den Tränen erschien mir zu sentimental, zu kitschig und kindisch. Was sie ja auch war.

DIE ERSTE LIEBE UND FRAU DOKTOR DER SEXUALITÄT

In Oberhausen ging ich nun mit meinen neuen Brüsten in die Schule und lernte plötzlich Jungs aus der zehnten Klasse kennen, die mich alle total süß fanden, ohne dass ich es merkte.

In einen, der auch Gitarre spielte, war ich dagegen ganz vernarrt, wovon der auch nichts merkte. Abends im Bett habe ich meine Gedanken ganz stark auf ihn konzentriert, in der Hoffnung, dass sie sich übertragen und er mich endlich ansprach.

Sechs Monate später kam er plötzlich ohne Vorwarnung auf mich zu, setzte sich neben mich und sagte: «Du bist aber auch 'ne süße Maus!»

Ich wurde rot und total sauer. Erstens hatte er «auch» gesagt, und zweitens «süße Maus».

Ich war so enttäuscht, dass ich «Bin ich gar nicht!» gerufen habe und wütend abgedampft bin.

Meine ganzen romantischen Phantasien, die ich bei dem tschechischen Märchenfilm ‹Drei Haselnüsse für Aschenbrödel› angelegt hatte, weil er bislang so ausgesehen hatte wie der lustige Prinz in dem Film, waren mit einem Mal für 'n Arsch.

Ich stellte auch plötzlich fest, dass er gar nicht so schön aussah, wie ich ihn mir zu Hause im Bett beim Einschlafen immer vorgestellt hatte.

Seine Nase zum Beispiel sah viel gurkiger aus als die vom Prinzen, und ich begann mir vorzustellen, wie er wohl als alter König aussehen würde. Später habe ich erfahren, dass meine Freundin ihm aus Mitleid mit mir verraten hatte, dass ich ihn toll fand.

Er konnte also noch nicht einmal Gedankenübertragung.

Stattdessen ging ich lieber mit seinem Freund, der wirklich lustig war.

Es entstand eine große Freundschaft, sogar mit Liebe.

Mein Freund hatte lange, leicht verfilzte Korkenzieherlocken und trug dazu eine große gemütliche Nase. Somit bot er gar keinen Vergleich mit irgendwelchen Prinzen, von denen ich sowieso die Nase voll hatte.

Er stammte aus einer typischen Arbeiterfamilie, wie mein Vater sie gern im Stil des sozialistischen Realismus gemalt hätte: Der Vater war Kranführer und Sozialdemokrat, die Mutter Hausfrau. Sie lebten mit den drei fast erwachsenen Kindern in einer Dreizimmerwohnung, hatten einen Schrebergarten auf dem Zechengelände um die Ecke und einen kriegsversehrten Opa im Harz. Mein Freund war mit seinen fünfzehn Jahren der Jüngste der Familie und ein echter Naturfreund und Insektenkenner.

Er fuhr kilometerweit mit dem Fahrrad ins Waldgebiet und verbrachte dort Stunden mit dem Umdrehen von morschen Baumstümpfen, um zu studieren, wer dort wohnte.

Ein schönes Hobby.

Mein Vater hatte einen Fernfahrer als Freund, der Egon hieß.

Der hatte eine markante Sprache und gab meinem Freund den Namen Quappen-Ecki, denn Ecki züchtete Frösche im Aquarium und setzte sie dann wieder aus. Ich nannte ihn aber lieber Edelkurt, das passte am besten.

Edelkurt konnte sogar mit einer Fliege, die er an einem Bindfaden befestigte, spazieren gehen. Das heißt, sie flog und er ging.

Er hatte ihr dafür extra die Flügel mit Filzstift bunt gemalt, damit sie noch schöner aussahen. Ich war sehr stolz und glücklich, so einen interessanten Freund zu haben.

Die Frau Doktor der Soziologie zog bei uns ein.

Sie hatte eine harte Kindheit in Bayern verbracht und sollte einen reichen Bauern heiraten, weshalb ein von ihr angestrebtes Studium nicht nötig gewesen wäre. Um aus dem furchtbaren Elternhaus zu entkommen, machte sie ein super Abitur und ging ohne elterlichen Beistand nach Berlin, um dort im Alleingang bis zum Doktortitel zu kämpfen.

Dadurch wurde sie eine starke Persönlichkeit und versuchte nun auch mich mit Strenge dazu zu bringen, mein «Vaterhaus» frühzeitig zu verlassen, damit ich ebenfalls den Doktortitel erlangen sollte.

Da ich aber erst dreizehn war, verstand ich ihre edlen Absichten noch nicht. Ich hing einfach in der Schule total durch und fühlte mich deshalb zu Hause von ihr abgelehnt.

Vielmehr war ich damit beschäftigt, die Launen meiner Mutter zu begreifen, die mir sagte, sie wäre krank und ich würde die Stereoanlage und den Kirschbaumwohnzimmerschrank erben.

Nach ein paar Wochen stellte sich Gott sei Dank heraus, dass es doch nichts wirklich Ernstes war, weshalb sie in die Fußstapfen ihrer immer wieder sterbenden Mutter treten musste, um etwas Aufmerksamkeit von mir zu bekommen, denn ich war viel zu sehr mit meinen Schulproblemen beschäftigt.

Und so fühlte sie sich wohl vernachlässigt, denn sie hatte ja Lulle nicht mehr, da sie ihn verlassen hatte, um Abenteuer zu erleben. Deswegen war sie so völlig durcheinander und einsam.

Da hatte ich aber schon wochenlang in Gedanken an ihrem Grab gestanden, bis ich mich endlich traute nachzufragen.

Doch da hatte sie schon wieder vergessen, was sie am Telefon wohl nur so dahingesagt und nicht so ernst gemeint hatte. Wir sahen uns ja auch nicht mehr so oft, denn ich musste jetzt den vollen Fahrpreis zahlen, und Bahnfahren war früher auch schon viel zu teuer.

Das waren meine Sorgen.

In dieser Zeit verbündeten mein Freund und ich uns gegen die Erwachsenen, die in unseren Augen gar nichts verstanden und alles verkehrt machten: Die trotz Erfahrung, Studium oder Belesenheit über keinerlei emotionale Intelligenz verfügten, die es ihnen ermöglicht hätte, so etwas wie Einfühlungsvermögen in Pubertierende entstehen zu lassen, was zugegebenermaßen sehr schwierig ist.

Vor allem, wenn man an seine eigene Pubertät gar nicht mehr erinnert werden möchte, weil diese Zeit für die heute Erwachsenen früher noch beschissener war als für deren Kinder heute.

Diese Zeit hinterlässt bei den meisten einfach eine Gedächtnislücke.

Die Pubertätszeit ist für die meisten Leute unheimlich peinlich gewesen.

Besonders in den früheren Jahren, als man noch nicht so wie heute einfach aus Spaß «Na, ihr Wichser, was geht ab!?» zu seinen Kumpels sagen konnte, ohne dass die rot anliefen und sich schlecht fühlten.

Das Onanieren war damals noch strengstens verboten, und man wurde davon angeblich sogar krank. Es machte nämlich die Knorpel weich, und man verlor das Augenlicht.

Als Sexualität noch ein Tabuthema war, waren die jungen Leute noch viel geiler und rattiger, weil sie ständig an etwas Verbotenes dachten, was den Reiz natürlich erhöhte.

Eine Zeit also, für die man sich auch noch im Nachhinein ständig schämte und an die man gar nicht mehr denken mochte.

Die Zeit, die «Gott sei Dank» vorbei war.

Und dann kamen wir und erinnerten die Erwachsenen daran, allein durch unseren Anblick.

Sie wussten natürlich alles besser, weil sie auch viel mehr Erfahrung hatten und älter waren, womit jede Diskussion schon entschieden war.

Das Erste, was den Erwachsenen einfällt, wenn sie es mit einem Pubertierenden zu tun haben, sind strenge Regeln und Grenzen setzen. Sich sozusagen nach allen Regeln streng abzugrenzen.

Leider hielt sich mein Vater total zurück und ließ die Frau Doktor gewähren, die ja eigentlich alles nur gut meinte. Sie glaubte, mein Vater sei mit mir allein überfordert und sie müsse ihm bei meiner Erziehung helfen, damit er sich auch mal ausruhen könne.

Weil ich mich so gut mit meinem Vater verstand, behauptete sie, er ließe sich von mir um den Finger wickeln. Ich dagegen dachte wehmütig an die Zeit mit ihm allein, was natürlich auch egoistisch war. Aber Kinder dürfen ja egoistisch sein.

Ich war es überhaupt nicht gewohnt, mit Regeln und Konsequenzen umzugehen, weil mein Vater früher immer einfach froh und dankbar war, dass ich es zu Hause allein so lange aushielt, denn er verspätete sich oft und war selbst auch ziemlich chaotisch in seinen Verabredungen mit mir.

Ich war ihm gegenüber immer sehr tolerant gewesen, und er stand immer irgendwie moralisch in meiner Schuld. Nun sollte alles anders werden.

Jetzt wurden Regeln aufgestellt, an die ich mich nun halten sollte.

Mein Freund war einmal so sauer auf die Ungerechtigkeit, mit der mich die Frau Doktor behandelte, dass er zu ihr sagte, sie verhielte sich mir gegenüber frigide. Das hatte er im Fremdwörterlexikon gelesen, und er meinte, es würde gefühlskalt bedeuten.

Die Frau Doktor war stocksauer, weil sie das auf ihre Libido bezogen hatte. Aber über ihren Geschlechtstrieb hatte sich mein Freund doch gar kein Urteil bilden können. Daran hatte er überhaupt nicht gedacht und rief immer wieder: «Unsinn! Unsinn! Gefühlskalt!»

Als wir in meinem Zimmer waren, haben wir im Lexikon nachgeschaut, was genau Frigidität bedeutete. Gefühlskälte, bezogen auf die Libido. Mist.

Einmal gingen Edelkurt und ich zusammen in die Badewanne.

Das war sehr lustig, denn wir hatten uns noch nie nackt gesehen und machten allerlei Blödsinn, um unsere Schamgefühle zu verbergen.

Denn uns drückte weder der sportliche Ehrgeiz, unter dem heute die Teenies stehen, noch standen wir unter dem Druck des Tabus wie die Generation meines Vaters.

Der natürliche Körper und der freie Geist einer Dreizehnjährigen sagen dann: «Nee, lass mal! Is doch Quatsch jetzt ... »

Zum Geschlechtsverkehr und so waren wir beide einfach viel zu schüchtern, gehemmt, verliebt und darum albern.

Die Frau Doktor der Sexualität unterstellte uns aber aufgrund des verräterischen Badewassers, was wir vergaßen abzulassen, wir würden es miteinander treiben, was ich als bösartige Unterstellung und Entweihung unserer großartigen Liebe empfand.

Sie wollte wahrscheinlich locker rüberkommen, aber als sie einleitend sagte, «Wenn ihr zusammen vögelt, dann müsst ihr aufpassen beim Bumsen, dass ihr verhütet, weil wenn erst einmal Samen vom Schwanz in die Möse gekommen ist, ist es zu spät ...», wurde mir schlecht vor Empörung.

Das hatte doch alles nichts mit uns zu tun.

Als ich meinem Vater erzählte, dass wir nur gebadet haben, sagte er:

«Ist der krank? Da stimmt doch was nicht mit dem Kerl!»

FREIER AUSDRUCKSTANZ IN DER DDR

Die Frau Doktor bekam dann endlich eine Stelle beim Kulturamt und veranstaltete nun großartige Jugendkonzerte gegen Rassendiskriminierung, weil Oberhausen sehr fortschrittlich sein wollte.

Auf dem Programm stand etwa Miriam Makeba, die eine großartige Show auf die Bühne stellte. Pata Pata! Ausverkaufter Saal, ein tolles Konzert.

Es folgte ein Konzert mit Dollar Brand beziehungsweise Abdullah Ibrahim, wie er sich nannte. Als Abdullah im Oberhausener Bahnhof einlief, war dort keiner, der ihn begrüßte, denn man wusste gar nicht, wann genau er ankommen würde. Es gab damals noch keine Handys. Er musste sich also in ein Taxi setzen, in dem er sich überlegte, dass die Veranstalterin ihn als farbigen Künstler nicht akzeptierte und sich respektlos verhalte, was er ihr drei Minuten später am Veranstaltungsort nun zur Begrüßung entgegenbrüllte.

Auf Englisch klang das natürlich viel schöner: «You're a white peace of shit, you are!!!», bellte er heiser mit seiner rauchigen Bluesstimme.

Er weigerte sich hartnäckig, aufzutreten.

Die Frau Doktor, deren Weltbild jäh zusammenbrach, musste die vierhundert meist jugendlichen Zuhörer in dem sonderbar stillen Saal immer wieder vertrösten. Wir waren alle sehr bestürzt.

Was musste dieser verbitterte Mann an Demütigungen ertragen haben, dass er nun so beleidigt war.

Schließlich, nach neunzig Minuten, hatte sich Abdullah beruhigt, und es wurde doch noch ein großartiges Konzert gegen Apartheid.

Für diese Beschimpfungen wurde die Frau Doktor mit einem Beamtengehalt entschädigt, von dem sie in der Jahrzehnte währenden Armut nicht zu träumen gewagt hatte. Und so tröstete sie sich mit der Anmietung einer Etage in einer alten ehemaligen Reißverschlussfabrik, die von meinem Vater zu einer Atelierwohnung umgebaut wurde.

Wo vorher die Betriebstoilette war, verwirklichte er seinen Kindheitstraum von einer großen Badewanne im Schlafzimmer.

Damit waren erst mal alle beschäftigt. Ich durfte die Kabinen und die Klos mit dem Vorschlaghammer einkloppen.

Das war monatelang eine richtige Baustelle.

Mein Vater – der Sohn eines Schreiners – baute in die große Halle der Fabrik eine Küchenzeile ein, womit aus dem Ausstellungsraum nicht nur ein Wohnzimmer, sondern auch ein Esszimmer mit Küche entstand.

Wir zogen also um nach Eisenheim, eine denkmalgeschützte Arbeitersiedlung, für deren Erhalt Professor Gunther gekämpft hatte und durch die man ging wie durch einen Museumspark, denn die Original-Leute – die Bergarbeiter mit ihren Familien – wohnten da noch und bastelten an ihren Windmühlenmodellen für den Vorgarten, züchteten Tauben und wurden später sogar zu Darstellern eines Dokumentarfilms über sich selber.

Ich war zuerst stocksauer, weil ich, wie alle Kinder, keine Veränderungen mochte, selbst wenn sie eine Verbesserung darstellten.

Ich liebte die alte Wohnung am Zechengelände, in der ich aufgewachsen war und in der meine Eltern noch als Paar zusammengelebt haben, auch wenn das für sie nicht so toll gewesen war. Ich bekam dann aber ein großes Zimmer mit eigenem kleinem Bad, und mein Vater bekam günstig den gepflegten Garagen-Mercedes von den Eltern der Frau Doktor.

Dann leisteten sie sich noch einen Kredit für einen guterhaltenen alten Motorsegler mit Achterkajüte, der doppelt so groß war wie die kleine Femina. Hochverschuldet, aber glücklich bezogen wir die Fabrik.

Die Eltern von meinem Freund hatten gar kein Auto und fuhren in den Ferien zum Opa in den Harz, um ihm im Garten zu helfen, weil der seit Stalingrad nicht mehr so konnte mit seinem Fuß.

Dann hatten sie noch den kleinen Schrebergarten auf dem alten Zechengelände um die Ecke, in dem Gemüse wuchs, was von der Mutter mittags gekocht wurde.

Ich war sehr gern mit der Familie meines Freundes zusammen, denn es war ein lustiger Haufen. An Feiertagen oder Geburtstagen saßen wir mit zehn Leuten am Tisch und aßen ununterbrochen Stielmus oder Sonntagsbraten mit Klößen, Rotkohl und danach noch Kuchen.

Es wurde immer viel gegessen.

Der weibliche Teil der Familie war sehr dick, laut und sehr lustig. Die Söhne dagegen waren schlank und spitzfindig. Sie verfügten über einen sarkastischen Humor, den sie ihrer guten Schulbildung verdankten.

Sie lasen Nietzsche, Kant und U-Comics, hörten Zappa und Captain Beefheart und stellten so das intellektuelle Grauen der Arbeiterklasse für meinen Vater dar, der sie für

Nihilisten hielt, jedenfalls für welche, die immer dagegen waren und an nichts glaubten.

Von dem ersparten Geld ließen die Eltern von Edelkurt ihre drei Kinder Abitur machen, was damals nicht selbstverständlich war in der Arbeiterklasse.

Diese Familie fand es völlig absurd, dass mein Vater die DDR als ein besseres Staatsmodell ansah als den Kapitalismus.

In der DDR wären meinem Vater sofort das Boot, die Fabriketage mit der Badewanne im Schlafzimmer und der alte garagengepflegte Mercedes weggenommen und den Parteifunktionären zur Verfügung gestellt worden, behaupteten sie.

Sie hatten Verwandtschaft «drüben» und schickten zu Weihnachten Päckchen mit Tchibo-Kaffee, Milka-Schokolade und Markenjeans in den Osten, wie sich das gehörte.

Mein Vater hatte auch einen Onkel in Dresden, den er alle paar Jahre besuchte. Der war aber ein frommer Parteigenosse und wollte gar keine Markenjeans aus Amerika. Darum genoss er die Vorzüge dieses Staates und bekam seinen Trabbi auch völlig unkompliziert ein paar Jahre früher geliefert als die mit den Westhosen.

Und der sagte meinem Vater dann auch, dass alles eigentlich «soe wäit gönz in Öardnüng wäor» in der DDR und es einfach noch ein bisschen Zeit brauchte, bis sich der Lebensstandard «üm ölgemöjnen» heben würde.

Als Westkünstler wurde mein Vater auch öfter in die DDR eingeladen, denn dort waren seine Bilder, auf denen zum Beispiel arbeitslose Stahlarbeiter im Westen abgebildet waren, sehr beliebt.

Einmal fuhr er auch mit Helge Schneider zu einem Kongress dorthin. Die beiden kannten sich durch die Musik.

Helge war damals so Mitte zwanzig und sollte Klavier spielen, während mein Vater am Tageslichtprojektor Karikaturen zeichnen wollte.

Am Abend zuvor sind die beiden aber in der Hotelbar hängengeblieben, in der noch eine Band spielte. Dort erholten sie sich nach der langen Fahrt von den Grenzschikanen.

Als am nächsten Morgen die hochoffizielle Versammlung der wichtigen DDR-Künstler und Parteifunktionäre stattfand, hatte mein Vater Kreislaufprobleme und war voll neben der Spur.

Mehrere hundert Augen waren auf ihn gerichtet, an der Wand hing eine große Leinwand, und ein Tageslichtprojektor lud ihn ein, auf die beleuchtete Folie zu zeichnen. Dazu sollte Helge auf dem nebenstehenden Flügel das Entstehen der Zeichnung musikalisch untermalen.

Mit zitternder Hand führte mein Vater den Filzstift über die Folie des Tageslichtprojektors. Hinter seinem Rücken konnte man den wackeligen Strich riesengroß auf der Leinwand bestaunen.

Er versuchte, einen Kapitalisten zu zeichnen, der aber misslang und schließlich wild überkrickelt wurde.

Da aber auch Helge Kreislaufprobleme hatte und in Zeitlupe von seinem Hocker rutschte und auf dem Rücken liegend weiterspielte, hielt man diese Performance wahrscheinlich für einen Ausdruck des kaputten Kapitalismus und klatschte Beifall.

Ich bin auch einmal mit der Sozialistischen Deutschen Arbeiterjugend in die DDR gefahren und konnte mich davon überzeugen, dass man permanent Alkohol angeboten bekam.

Wodka galt dort als Nationalgetränk. Ich mochte damals

aber noch keinen Wodka trinken. Unsere Aufsichtspersonen dafür umso mehr.

Nach der langen Busfahrt wurden wir von den jungen Pionieren mit einem Tanzabend empfangen. Direkt zur Begrüßung kam das erste Tablett mit dem Wässerchen in den Gläschen, und es wurde gerne nachgeschenkt. Die jungen Pioniere in ihren Hemden tanzten dort ganz brav Foxtrott.

Ein paar Jugendliche aus unserer Gruppe legten dann eine Jazzrockplatte auf und wurden spontan von dem Bedürfnis ergriffen, durch Ausdruckstänze zu demonstrieren, wie frei wir im Westen waren.

Ein Junge schmiss sein Bein senkrecht in die Luft und schnellte dann mit einem Sprung in die Hocke, wo er auf dem Boden liegend weitertanzte, um sich schließlich zuckend wieder zu erheben.

Wenn es nicht so absurd gewesen wäre, hätte man meinen können, wir seien Griechen und hatten die Alexis-Sorbas-Tanzschule besucht.

Leider war es nur völlig übertriebenes Gezappel mit leichten Jazzdance-Einflüssen, und es entsprach wahrscheinlich auch nur dem schlichten Bedürfnis nach Bewegung, nach der langen Fahrt im Bus.

Damit verblüfften wir aber unsere Ost-Genossen nachhaltig.

Am nächsten Morgen gab es ein Frühstück im großen Bahnhofsrestaurant in Leipzig. Halbe Hähnchen für jeden und Leipziger Allerlei, wie Brötchen, Käse und Schinken, sogar Bananen und Ananas wurden aufgetischt, um uns zu zeigen, dass es hier an nichts fehlte.

Die gigantischen Kronleuchter an der Decke des hallenartigen Restaurants überzeugten uns endlich, dass hier das Paradies auf Erden war.

Dann gingen wir bummeln.

In der Buchhandlung konnte ich mir für meine paar Ostmark ein paar Bücher zulegen, und in einem Künstlerbedarfsladen hab ich sogar noch hervorragende Pinsel, Ölfarben und Stifte bekommen.

Das war alles so spottbillig, das hätte ich mir von meinem mickrigen Taschengeld im Westen niemals kaufen können.

Es war wirklich wie im Paradies.

Dann ging's ab ins KZ Buchenwald zu einer Besichtigung, und so manch einer erbrach die köstlichen Speisen. Bevor es dann wieder gen Westen ging, stand uns aber noch eine Betriebsbesichtigung bevor.

Wir bekamen eine Kinderkrippe gezeigt, wo die Kinder während der Arbeitszeit der Mutter untergebracht wurden, und danach zeigte man uns die Mütter, die an Fließbändern untergebracht wurden, während die Kinder in der Krippe waren.

Ganz oft fiel das Wort «kollektüv», was sehr lustig klang.

Am besten hatte ich von dieser Reise aber die Club-Cola in Erinnerung, die politisch korrekt war und von der ich direkt ein paar Flaschen mit nach Hause nahm, um sie dort zu trinken, wogegen mein Vater diesmal nichts sagen konnte.

‹BLUE NOTE› IN EISENHEIM

Die ehemalige Reißverschlussfabrik, in die wir gezogen waren, bestand aus einem Backsteingebäude mit drei Etagen und einem Kellerraum, den man durch eine Außentreppe betreten konnte.

Die Idee meines Vaters war es, in den Nebenräumen Volkshochschulkurse anzubieten und endlich einen eigenen Jazzkeller einzurichten.

Über uns zog noch eine liebe anthroposophische Frau ein, mit zwei Kindern, einem alten lahmarschigen Schäferhund, der selbständig am Wasserhahn trinken konnte, und einem Kater, der sogar auf die normale Toilette ging. Sie hatte auch einen handwerklich begabten Mann, der die Wohnung ausbaute.

Die Frau hatte einen Töpferofen und veranstaltete in den Nebenräumen Töpferkurse für frustrierte Hausfrauen, die aus dem Ton Hüte mit Blumen oder riesige Briefkuverts kneteten, in der Absicht, damit den heimatlichen Flur und die Haustür ihres Eigenheimchens zu schänden.

Davon wurde die anthroposophische Frau dann auf Dauer selber frustriert, aber sie brauchte das Geld. Die hässlichen Hüte und die Kuverts wurden von der anthroposophischen Frau nächtelang in dem elektrischen Ofen gebrannt, was die Stromrechnung enorm in die Höhe steigen ließ. Dann fuhren die frustrierten Hausfrauen mit ihren

Zweitschlitten auf dem Hof vor, rannten mit ihren wehenden Pelzmänteln die Treppen hinauf und nahmen mit freudiger Erregung die Tonwaren entgegen. Wenn die anthroposophische Frau dann mit ihren übermüdeten Augen vor ihnen stand und ihnen die Stromrechnung unter die Nase hielt, wurden die Hausfrauen plötzlich so derartig frustriert, dass sie gar nicht mehr aufhörten, mit ihren Quäkstimmen herunterzuleiern, wie teuer die Raten von dem Zweitschlitten seien. Und das Haus sei doch auch noch nicht bezahlt. Schließlich drohten sie damit, fristlos den Kurs zu kündigen, nahmen die Hüte und ließen die arme anthroposophische Frau auf der Stromrechnung sitzen.

Die ehemalige Reißverschlussfabrik nannte sich nun ‹Werkstatt Eisenheim› und war ein eingetragener Kulturverein. Das brachte meinen Vater auf die Idee, auch einen Jazz-Verein zu gründen.

Der Keller bestand aus einem Raum mit einer Säule in der Mitte, wie sich das für einen Jazzclub gehörte. Eine Wand hatte mein Vater mit den großen Persönlichkeiten der Jazzgeschichte vollgemalt.

Besonders lustig war der Trompeter D. G. gelungen, der auf dem Bild im Vordergrund stand, denn mein Vater hatte den Bass verkauft und zum Flügelhorn gegriffen, weshalb viele Bläser weinten, da sie nun nicht mehr mitspielten.

Doch jetzt freuten sich wieder die Bassisten.

Jeden Sonntagmorgen gab es ein Jazzkonzert im ‹Blue Note›, das bald als Geheimtipp unter den Musikern galt, denn es gab Leberwurststullen, Schmalzbrote und Flaschenbier.

Viele Musiker, die berühmt waren oder später berühmt wurden, trafen hier erstmals aufeinander. Der Saxophonist Lee Konitz leitete Jazz-Workshops für den Nachwuchs, und

Helge Schneider traf Peter Thoms, das Schlagzeugfossil, und den Pianisten Jochen Bosak, mit denen er später <Muttertag Five> gründete.

Ich saß wie immer an der Kasse und schmierte Leberwurststullen. Die Gäste bestanden aus Musikern, die auch mal ein Stück mitspielen wollten, Frauen und Kindern und Jazzfans, die schon alles gesehen hatten und von den Jazzfestivals erzählten, wo die Musiker auftraten, die mein Vater an die Wand gepinselt hatte.

Der Eintritt betrug wie immer drei Mark. Wenn es voll war, saßen etwa fünfzig Leute im Raum, wovon zehn zu den Angehörigen zählten und nichts zahlten. Es gab also kaum Gage.

Darum lud mein Vater die Musiker anschließend in seine Wohnung ein, wo er sie mit selbstgebackenem Kuchen und dem Hören des soeben mitgeschnittenen Konzerts versöhnte.

Es gab kaum einen Musiker im Ruhrgebiet, der nicht mindestens einmal in Eisenheim im <Blue Note> gespielt hatte, und mein Vater ließ immer ein Tonbandgerät mitlaufen. Bald besaß er ein Regal, das bis zur Decke mit Aufnahmen der Konzerte gefüllt war. Ebenso füllte sich auch sein Adressbuch mit den Telefonnummern der Musiker.

Als immer mehr Mitschüler und Freunde von mir den Keller, der während der Woche leer stand, als Treffpunkt benutzten, wurde es meinem Vater zu bunt, denn wir hatten die blöde Idee gehabt, das schöne schwarze Klavier mit Lack anzumalen.

Es hatte nun große rote und kleine blaue Punkte. Mein Vater war etwas sauer darüber. Er bestrafte uns mit einem eigenen Jugendzentrum, das wir selbst gestalten und verwalten sollten.

Das Erdgeschoss stand bisweilen leer. Es war genauso groß wie unsere Etage, jedoch noch ohne Trennwände, also eine Halle.

Hier gründeten wir das ‹Café Eisenheim›, womit der Vermieter einverstanden war. Heute würde man dazu autonomes Jugendzentrum sagen. AZ. Wir zahlten also nur den Strom und konnten dort machen, was wir wollten. Und das taten wir fleißig: Wir bauten aus Spanplatten eine Theke und bekamen einen Kühlschrank geschenkt. Irgendeine Kneipe hatte Tische und Stühle ausrangiert und auf den Sperrmüll gestellt. Da fehlte nur noch der Plattenspieler, den brachte auch jemand mit, und fertig war das Café. Leider gehörten zu dem Plattenspieler Cat-Stevens- und Stefan-Sulke-Platten, weil die Spender in einer evangelischen Jugendgruppe waren.

Darum holte ich meine Sammlung runter, und wir hörten eine wirklich bunte Mischung verschiedener Schallplatten, die ich von meinen Eltern, von Lulle oder sonst wem willkürlich geschenkt bekommen hatte, bestehend aus Bob Marley, Neil Young, Ravi Shankar, Miles Davis, Liza Minnelli, Captain Beefheart, Zappa und ‹Der Sängerkrieg der Heidehasen›.

Dieses Album hatte mir mein Opa Willi damals geschenkt, und wir hörten es beim Bepinseln der Sperrmüllmöbel.

Ein tolles Hörspiel mit ganz ausgezeichneten deutschen Schauspielern aus den fünfziger Jahren. Dieter Bohlen hat es – wahrscheinlich ohne es zu wissen – mit seinem TV-Format ‹Deutschland sucht den Superstar› dann sechzig Jahre später original übernommen.

Ursprünglich waren das aber Hasen, die mit ihrem Gesang im Wettbewerb um die Hand der Hasenprinzessin des Hasenreiches in Obereidorf warben.

Da ging es um Bestechung und üble Nachrede, Betrug und Korruption.

Und es gab jede Menge satirische Beispiele, von anrührend schlechten Gesangsdarbietungen bis hin zu geschmacklosen, aber gekonnt vorgetragenen Liedern. Genau wie bei Dieter Bohlen.

Aber beim ‹Sängerkrieg der Heidehasen› hatte am Ende der liebe, hübsche Hase Augustin das böse, hässliche Spiel durchschaut. Mit seinem aufklärerischen, rebellischen Gesang konnte er die üblen Machenschaften des Gesangsministers entlarven und so das Herz der liebreizenden Prinzessin gewinnen. Das würde sich heute im Showbusiness keiner trauen.

Die nächsten Wochen verbrachten wir damit, die Platten zu hören und alles bunt anzustreichen. Damit waren wir gut beschäftigt.

Es gab in unserem Freundeskreis auch ein paar aus der Oberstufe, die sehr gut Gitarre spielten. Wir veranstalteten richtige Konzerte mit denen und kümmerten uns um alles allein, sogar um die Klos.

Mein Vater dachte, er hätte mich jetzt unter Kontrolle, aber abends gingen wir heimlich in eine Diskothek, die ‹Stratosphäre› hieß. Dort tanzte man zu David Bowie und Pink Floyd, und nebenan auf dem Spielplatz wurde gekifft.

Mein Vater regte sich unheimlich auf, rief alle Eltern meiner Freunde an und suchte schließlich mit dem Mercedes die Stadt nach mir ab. Er war ein guter Vater.

WAS WOLLEN WIR TRINKEN

Meine Freundin Bettina und ich schlenderten über das gigantische Pressefest der DKP-Zeitung <Unsere Zeit> in Dortmund.

Um die Westfalenhalle herum gab es unzählige Stände und Veranstaltungszelte. Auf einer der vielen Bühnen sollte auch mein Vater mit seiner Jazzband auftreten.

Das Gelände rund um die Westfalenhalle war in ein riesiges Zeltlager verwandelt worden, und Bettina und ich hatten Schlafsäcke dabei, denn wir sollten in einem großen Zelt bei den Jungen Pionieren übernachten.

Es war aber erst Mittag, und so schlenderten wir über das Kinderfest, wo ich alles, was mir früher so gut gefallen hatte, mit einem Mal total kindisch fand, denn wir waren schon fast vierzehn.

Also zogen wir weiter und schoben uns durch die Menschenmengen an den Ständen vorbei zu den Bühnen, wo die Erwachsenen waren. Aus einem Zelt kam kubanische Musik.

Das Zelt hieß <Havanna>, und man trank dort merkwürdigerweise Rum mit amerikanischer Cola! Vielleicht war das aber auch Club-Cola aus der DDR. Das war *bestimmt* Club-Cola.

Alle rauchten dicke Havannas, selbst die Nichtraucher, und ich musste an die Zigarrenstimme denken, die vielleicht auch hier war.

Wir gingen weiter und kamen an einem spanischen Stand vorbei, wo man uns zu einem Glas Sangria einlud. Das hat sehr lecker geschmeckt, und wir dachten, dass sei so was wie Apfelwein, mit nur ganz wenig Alkohol drin.

Da wir viel älter aussahen, durften wir die große Flasche sogar behalten. Das war gut, denn wir hatten auch richtig viel Durst.

Wir schlenderten weiter, bis uns schwindelig wurde.

Unter einem Baum auf der Wiese haben wir uns erst mal für ein Nickerchen hingelegt, denn wir waren richtig müde.

Als wir später aufstanden, war alles wieder in Ordnung, und wir holten uns im ‹Flöz Sonnenschein› erst mal eine Limo.

‹Flöz Sonnenschein› war das Festzelt der DKP, und wenn man Glück hatte, spielte gerade keine Schalmaienkapelle.

Die Seitenwände bestanden aus Thekenzeilen, die mit dunklem Holz und schwarzer Folie optisch in Bergwerkstollen verwandelt wurden. Hier gab es einen Schnaps, der hieß ‹Klarer aus Kohle›. Den kippte man dort mit einer ruckartigen Bewegung des Nackens in den Hals. Danach machten alle «Eähh!» und gingen in die Knie, weil das wohl nicht so lecker war.

Im Flöz Sonnenschein war aber sonst noch nichts los, also gingen wir in die überfüllte Westfalenhalle, denn dort fand auf der großen Bühne das Nachmittagsprogramm statt.

Wir hörten Ina Deter ein Lied über ihre Sprayertätigkeit als emanzipierte Singlefrau singen: «Ich sprüh's an jede Wand, neue Männer braucht das Land!» Danach trat der riesige Gewerkschaftschor mit dem traurigen Lied ‹Sag mir, wo die Blumen sind› auf, das von den Männern handelt, die alle im Krieg gestorben waren.

Ina Deter zerkratzte dazu mit ihren stählernen Pfennig-absätzen den aufwendig lackierten Deckel des Flügels, auf dem sie nun stand, und führte zu dem Lied einen hochero-tischen Tanz auf.

Endlich traten Fasia und mein Vater Kuro auf.

Fasia sang ‹Avanti Popolo›, diesmal auch in der deut-schen Übersetzung, also ‹Auf, auf, ihr Arbeiter›, damit kei-ne Missverständnisse mehr aufkommen konnten.

Ich war wieder überrascht, wie gewaltig ihre Stimme war.

Sie brachte die ganze Westfalenhalle zum Kochen. Die Leute nahmen sich an den Händen und hielten feierlich die Arme nach oben. Alle sangen inbrünstig mit, und mein Va-ter mit dem Kontrabass und Fasia mit ihrer Schrummelgitar-re standen ganz klein auf der großen Bühne.

Es war beeindruckend.

Danach trat Hannes Wader auf und erzählte in einem Lied, wie einsam er sich als umherreisender Künstler fühl-te, heute hier und morgen da, wobei die arbeitende Bevöl-kerung, aus der das Publikum hauptsächlich bestand, ver-suchte, sich in ihn hineinzufühlen. Außerdem sang er ein Lied von einer kokainsüchtigen Familie, das ganz lustig war.

Wir schlenderten wieder nach draußen und kamen zu einer Nebenbühne, auf der ein interessantes Konzert einer holländischen Band zu hören war. Das dankbare Publikum bewarf sich zu dem Lied ‹Was wollen wir trinken sieben Tage lang› mit Luftballons, in denen sich Haschischziga-retten befanden, die irgendein Holländer wohl mitgebracht hatte und wovon man noch mehr Durst bekommen sollte.

Davon sehr angetan, gingen wir mit unseren an einem Freakstand erworbenen Frank-Zappa-Stickern in das Flöz-Sonnenschein-Zelt, wo ich meinen Vater vermutete, der

vielleicht schon die Gage in der Tasche hatte und uns etwas
Geld geben konnte.

Dort stürzten sich sofort junge Männer auf uns, die wissen wollten, ob wir schon Mitglied in der Sozialistischen
Deutschen Arbeiterjugend SDAJ seien. Um sie loszuwer-

den, unterschrieben wir die Mitgliedsformulare und verpflichteten uns somit, einmal wöchentlich zu den Sitzungen zu gehen, die sogar in unserer Gesamtschule stattfanden.

Wir haben damals in dem Zelt auch nur deshalb so schnell unterschrieben, weil aus den Lautsprechern die Country-Version von dem Lied <Mach mit bei uns in der SDAJ!> schepperte, die hauptsächlich mit Banjos eingespielt war, was wir schrecklich fanden, und wir schnell wegwollten.

Endlich fanden wir meinen Vater im Havanna-Zelt, wo der Rum die Genossen in Hooligans verwandelt hatte, die als Schlachtruf «Auf nach Havanna» zu der schönen Melodie von <Guantanamera> grölten.

Das musste stundenlang so gegangen sein, denn sie waren schon richtig heiser. Mein Vater stand mittendrin und begleitete den stumpfsinnigen Gesang auf seinem Flügelhorn, wodurch es erträglicher wurde, denn nun konnte man die Melodie erkennen.

Er rauchte sogar eine Zigarre, obwohl er Nichtraucher war.

Aber er hatte die Gage in der Tasche, und das war gut.

Dann bemerkte er plötzlich den Frank-Zappa-Sticker und riss ihn mir mit den Worten «Ihr habt wohl überhaupt nichts begriffen!» von der Jacke. Mein Vater wusste nämlich nicht, dass Frank Zappa in Amerika der Bürgerschreck der Nation war und dass er dort mit seiner provozierenden Subkultur den prüden Amerikanern ein Dorn im Auge war. Also war er gegen Amerika, wie mein Vater auch.

Aber das wusste mein Vater damals nicht, denn er hatte sich nie mit Zappa beschäftigt und hielt ihn einfach für einen kaputten Amerikaner, der seine Tochter verderben wollte.

Dabei war Zappa von den Vorfahren her Italiener! Na ja, man muss ja auch nicht alles mögen. Ich hob den kaputten

Sticker auf und versuchte, nicht sauer zu sein. Er meinte es ja nur gut.

Wir sagten ihm gute Nacht, kauften uns Empanadas bei den Chilenen und gingen zu unserem Schlafzelt, wo die Jungen Pioniere schon lagen und von einer besseren Welt träumten.

Als wir in unsere Schlafsäcke krochen und uns flüsternd noch ein bisschen unterhielten, waren wir uns einig, dass wir auf keinen Fall noch mal Sangria trinken wollten und erst recht nicht sieben Tage lang, sondern lieber eimerweise Club-Cola, weil die noch süßer schmeckte als die Westcola, womit die Frage der holländischen Band beantwortet war und wir endlich einschlafen konnten.

ICH ALS KRIMINELLES DORNRÖSCHEN

Ich schlief und schlief. Auf einmal war ich fünfzehn, hatte das letzte Jahr aber wegen meiner schlechten Noten schwänzend in der Fußgängerzone von Oberhausen verbracht, klaute in Geschäften wie ein Rabe, gammelte mit Typen, die ich cool fand, im Park, schrieb mir Entschuldigungen für mein Fehlen in der Schule und behauptete als Ausrede sogar, meine Oma sei gestorben, und das alles ohne Skrupel, denn ich schlief.

So eine Art Wachkoma war das.

Als der Druck in der Schule immer stärker wurde und die Lehrer immer wieder zu mir sagten, «Eva, wach auf, du bleibst sonst sitzen!», fand ich einen Verbündeten, der auch nicht aufwachen und zur Schule gehen wollte. Es war der Sohn von einem alten Juso-Freund meines Vaters. Der Vater war inzwischen Politiker geworden.

Die hatten ein kleines Häuschen, und Wölfi wohnte unter dem Dach, wo er absolute Ruhe hatte vor seinen Eltern.

Er hatte nämlich einen Schlüssel und schloss sich ein.

Mir tat seine Mutter immer ein bisschen leid.

Sie war so lieb und hilflos, und der Vater machte den ganzen Tag Politik. Ich hätte ihr gewünscht, dass sie ihren Sohn so freundlich und lustig erlebt hatte wie ich damals.

Die Mutter war aber auch ganz arm. Mit ihrer brüchigen Stimme klagte sie immer leise hysterisch vor der verschlossenen Tür:

«Wölfi, mach auf, bitte … ich muss mit dir reden!»

Aber wenn Wölfi wirklich aufgemacht hätte, wäre ihr das auch nicht recht gewesen, denn dann wäre bestimmt eine der zahmen Hausratten, die sich hier oben rasend vermehrten, in das Treppenhaus geschlüpft.

Von den Ratten wusste die Mutter gar nichts, denn Wölfi machte ja seiner Mutter die Tür nicht auf, sondern warf seine schmutzige Wäsche, den Müll und das Geschirr einfach in das Treppenhaus, wo sie es dann abholen konnte.

Er sagte einfach «Verpiss dich, Alte, du nervst!» durch die verschlossene Tür und ging erst mal einen Bong rauchen. Er war mit seinen fünfzehn Jahren schon unheimlich weit für sein Alter.

Wölfi hatte noch zwei Brüder. Der eine war klein und wohnte unten bei den Eltern, und der andere war schon ausgezogen, um in Berlin Kunst zu studieren. Darum hatte Wölfi auch das ganze Dachgeschoss für sich allein und fühlte sich dort größer als seine Altersgenossen, die nur ein kleines Kinderzimmer neben dem Schlafzimmer der Eltern hatten.

Ich glaube, Wölfi hat sich später auch gedacht «was für eine Zeit!», weil er eigentlich genauso lieb war wie seine Mutter.

Als eine der Ratten starb, hatte er sogar aus lauter Liebe versucht, ihr Fell zu gerben, und sich ein chices Federmäppchen daraus genäht. Das fand ich eigentlich ekelhaft, aber es passte zu seinem extravaganten Stil, denn er hatte sehr lange ungepflegte Haare und unwahrscheinlich lange Fingernägel, die er mit einem feinen Pinsel mit schwarzem und weißem Lack in filigranster Kleinarbeit psychedelisch gestaltete. Jeder Nagel war ein Miniaturbild, und wenn man mit der Lupe hinsah, entdeckte man Dinge, die man mit bloßem Auge gar nicht erkennen konnte. Wir haben so viel zusammen gezeichnet und uns auch lustige Comics ausgedacht, dass wir beschlossen, Künstler zu werden oder wenigstens Graphikdesign zu studieren.

An einer Waldorfschule hätten wir richtig Eindruck gemacht, so kreativ wie wir waren. Durch das viele Zeichnen bin ich bald richtig gut geworden. Das machte wirklich Spaß, und dann konnte man das sogar zum Beruf machen!

Wir sahen uns schon ohne Abschluss, aber mit Sonderbegabtenprüfung an der Folkwangschule studieren. Ich sah zum ersten Mal eine Perspektive, aber es war ja alles nur ein Traum.

Schließlich hat man mich beim Klauen erwischt.

Die, die es mir gezeigt hatten, waren alle schon längst erwischt worden. Ich dagegen war richtig gut darin. Für mich war das wie ein Computer-Rollenspiel, was die heute nach der Schule stundenlang spielen, nur mit echten Menschen.

Ich hatte mit dem Zerreißen der Synapsen in meinem rasch wachsenden Gehirn anscheinend vorübergehend auch mein Rechtsempfinden verloren.

Außerdem verlor ich meine Schülerkarte für den Bus und bekam keinen Ersatzausweis. Ich traute mich aber nicht, meinen Vater um das Fahrgeld zu bitten, denn er war zu der Zeit mal wieder knapp bei Kasse.

Also wurde ich beim Schwarzfahren erwischt, und zwar etwa achtmal hintereinander. Aber man hat mich nie wirklich erwischt, da ich mich mit dem falschen Namen auf einem meiner Schulhefte auswies.

Warum ich mich Annette Bayer nannte? Wahrscheinlich, weil der Name so scheiße klang, wie ich mich dabei gefühlt habe.

Aber irgendwann flog dann doch alles auf. Da kam sogar ein Gerichtsprozess auf uns zu, wo ich einen richtigen Anwalt bekam. Der plädierte, dass ich zwar meinen Schülerausweis verloren hatte, aber berechtigt gewesen sei zu fahren. Trotzdem sollte ich zu fünfzig Sozialstunden Fensterputzen in einem Kinderheim und zu zweimal Turnhalle-Wischen verurteilt werden, wegen der dreckigen Lügerei.

Dort zeigte mir eine strenge Frau endlich, wie man richtig sauber macht, und ich beschloss, nie wieder zu lügen.

Dornröschen hatte hundert Jahre lang geschlafen, bei mir war es immerhin nur ein Jahr.

Als ich erwachte, war ich fünfzehn, und Herr Merkel, der Klassenlehrer, sagte gerade zu meinem Vater: «Herzliches Beileid noch mal zum Tod Ihrer Mutter, Herr Kurowski!»

Ich saß mit meinem todtraurigen Vater in einem Lehrerzimmer, und der Lehrer teilte uns mit, dass ich wegen der langen Fehlzeiten die Klasse wiederholen musste.

Das Maß sei voll, sagte der Lehrer.

Auf der Heimreise im Mercedes bat mich mein Vater, ihm zu sagen, dass das alles nur ein Traum sei.

Ich sagte ihm, dass das alles nur ein Traum sei, doch er blieb immer noch so traurig, obwohl die Oma doch lebte, und zwar bei uns, denn sie war vertüddelt und kam in ihrer großen alten Wohnung in Kettwig nicht mehr klar. Karstadt hatte der Oma in Kettwig seinen hässlichen Neubau direkt vor die Nase gebaut, und die Oma konnte jetzt nicht mehr aus dem Fenster auf die Altstadt blicken. Nach und nach schlossen die kleinen Läden, in denen die Oma sonst immer einkaufen ging. Die Oma bekam beim Fleischer auf einmal Uhren, weil hier jetzt ein Juwelier eingezogen war.

Und beim Bäcker gab es Blumen. Bäckerblumen. Da kam man auch wirklich durcheinander. Also hat mein Vater der Oma bei uns zu Hause ein kleines Zimmer eingerichtet.

Mittags, wenn ich nach Hause kam, machte ich der Oma

ihr eingeschweißtes Essen auf Rädern in heißem Wasser warm.

Einmal hatte ich mich verspätet, und die Oma musste sehr lange auf mich warten. Sie hatte Hunger und war allein in der Wohnung.

Sie legte das Plastikbrikett mit dem gefrorenen Seniorenmenü nicht in heißes Wasser, sondern einfach in eine Pfanne, wo es anfing zu kokeln und einen unglaublich giftigen Qualm zu entwickeln. Der Nebel des Grauens kroch bereits durch den Türspalt, als ich aufschließen wollte, und eine weinende Oma stand hinter der Tür.

Ich war ganz schön erschrocken, aber ich ließ mir nichts anmerken, denn die Oma beruhigte sich nur, wenn man ganz cool blieb und immer wieder sagte «Ruhig, Martha, Oma – Ruhe», also wie zu einem Pferd.

Mein Vater machte das jedenfalls immer so, und bei ihm funktionierte das, denn die Oma hörte dann sofort auf zu schimpfen und zu zischeln.

Vielleicht war mir deshalb unbewusst die Idee mit der Beerdigung als Begründung für mein Fehlen in der Schule gekommen.

Ich hatte solche Angst gehabt, als der Rauch durch die Tür quoll, weil ich doch wusste, dass die Oma allein in der Wohnung war. Dieses Erlebnis hatte ich wahrscheinlich mit Hilfe der gefälschten Entschuldigung für mein Fehlen bei der Mathearbeit, also dass die Oma gestorben sei, im Nachhinein unterbewusst verarbeitet.

Bewusst kann es nicht gewesen sein, weil ich an diese Zeit nur gefühlsmäßige Erinnerungen habe und nie sagen konnte, warum ich etwas getan hatte, denn mein Gehirn wuchs unglaublich schnell und musste sich ständig neu verknüpfen, weil die bisherigen Verbindungen abrissen. Damit war es jedenfalls beschäftigt, und ich musste die neunte Klasse wiederholen, na und?

Deshalb war ich noch lange kein schlechter Mensch.

Jedenfalls habe ich diesen ganzen Schlamassel nicht gewollt. Die Frau Doktor hat nach den Schilderungen meines Vaters wahrscheinlich nur noch gedacht, wie kann man so ein schreckliches Kind überhaupt lieb haben, und jetzt bleibt es auch noch ein Jahr länger.

Ihr eigenes würde mit Sicherheit ganz anders werden, zumindest wäre es erst mal viel, viel kleiner.

Die Stimmung war aber trotzdem gut, weil mein Vater und die Frau Doktor sich sehr gut verstanden und planten zu heiraten, denn sie wünschte sich tatsächlich ein Baby.

Und ich benahm mich auch ganz unbefangen, obwohl ich keinen Grund dazu hatte. Denn ich hatte mich völlig grundlos von Edelkurt getrennt und wusste natürlich gar nicht mehr, warum. Na ja, egal. Hauptsache, das Gehirn wurde schön groß.

Wie groß ist denn eigentlich Dornröschens Gehirn geworden?

Das musste ja ein riesiges Gebilde geworden sein, in den hundert Jahren Pubertät. Raumfüllend und dadurch wahrscheinlich würfelförmig. Da hat sich der Prinz bestimmt erschreckt.

DIE NEUE FRISUR

Aufgeweckt, wie ich war, sollte ich nun mit meiner unternehmungslustigen Singlemutter für vier Wochen nach Griechenland fliegen und sie dort dabei beobachten dürfen, wie sie endlich alles nachholte, was sie in ihrer Jugendzeit in der Klosterschule versäumt hatte. Sie wollte ihr Leben nun unbändig genießen, und ich war live dabei.

Mit mir zusammen fühlte sie sich wieder total jugendlich, und darum sagte sie auch allen Männern, die wir kennenlernten, wir wären Schwestern. Um sich nicht als Mutter fühlen zu müssen. Ich hatte also plötzlich eine Schwester.

Dieser Urlaub war für mich sehr interessant.

Als wir wieder zurückkamen, zog ich mich in mein Zimmer zurück und versuchte dort, die neuen Verknüpfungen meines Gehirns zu testen, indem ich Bücher über Philosophie, Psychologie und sogar Parapsychologie las. Auch Carlos Castaneda, also über Drogenerfahrungen und so. Ich interessierte mich auch für Buddhismus und las Laotse und Yogabücher. Mein Tag bekam ein geregeltes Konzept, das ich mir selbst ausgedacht hatte. Aufstehen, Sonnengebet – allerdings noch im Dunkeln, Frühstücksreis, Schule, Mittagsreis, Meditation, Schularbeiten, Yoga, Lesen, Abendreis, Lesen. Ich reinigte meinen Körper innerlich mit lauwarmem Salzwasser und ernährte mich nur noch von Reis mit Butter und Karotten, denn ich war Vegetarierin geworden.

Mein Vater war sehr betroffen, denn wie sich das für einen richtigen Mann und bekannterweise besonders für Berufsmusiker gehörte, war Fleisch sein Gemüse.

Für ihn war es das Wichtigste, dass alle «gut abspachtelten», und dafür kochte er immer sehr lecker.

Ich aß jedenfalls nur noch etwas Salat und Reis mit.

Als Tischgespräch bot ich an, dass ich mich entschlossen hätte, die Schule zu beenden und Nonne zu werden. Mein Vater und die Frau Doktor hielten daraufhin stundenlange Vorträge über die Schandtaten der katholischen Kirche, über Kreuzzüge, Hexenverbrennung und tabuisierte Sexualität, und ich provozierte sie mit dem Einwand, dass jeder Mensch ein Recht auf Religion und Spiritualität habe. Religion sei Opium fürs Volk, sie mache die Menschen gefügig wie Schafe, die so ihr Schicksal erdulden und nicht mehr auf die Idee kommen, die Umstände ihres Schicksals zu ändern, konterten sie.

Ganz genau, sagte ich, denn ich konnte auch nicht so leben, wie ich wollte, dachte ich.

Von nun an trug ich am liebsten lange schwarze Schlabberkleider.

Mein Körper und mein Geist verlangten nach Askese.

Ich meditierte, aß Reis, las, atmete und machte dabei allerlei Yogaverrenkungen. Doch nach ein paar Wochen gab ich auf.

Die Fleischgerichte meines Vaters wurden immer aufdringlicher im Geruch. Auch experimentierte er mit verschiedenen Gewürzen und verfeinerte seine Fleischkreationen mit Kokosflocken, Erdnüssen und Knoblauch.

Irgendwann hielt ich es nicht mehr aus und machte den Teller wieder voll.

Mein Vater hatte sich auch langsam Sorgen gemacht, doch als ich wieder normal aß, war er schlagartig beruhigt, denn für seine im Krieg geborene Generation waren fleischliche Nahrung und Gesundheit dasselbe.

Ich ging auch wieder vor die Tür.

Und zwar hatte ich mir überlegt, meine blonden, langen, glatten, gesunden, kräftigen und bis zum Hintern reichenden Haare ganz kurz schneiden zu lassen. Dann verlangte ich von der Friseuse, sie solle die nun fingerlangen Haare dunkelrot färben und eine Dauerwelle reinmachen.

Diese Frisur bekam ich umsonst, denn die Friseuse ließ aus den schönen abgeschnittenen Haaren eine wertvolle Perücke machen, die dann von einer Frau mit kurzen roten dauergewellten Haaren für zweihundert Mark gekauft wurde, um damit ihren Mann nach allen Regeln der Kunst zu verführen.

Das muss man sich mal vorstellen.

Alle waren zufrieden.

Die Friseuse, die Frau mit meiner Echthaarperücke, der verführte Mann und ich. Denn ich war nun jemand anders und konnte mich von meinem alten Lotterleben endgültig verabschieden.

Leider hatte ich meinen Schlüssel vergessen, und als mir mein Vater die Tür öffnete, riss er verschreckt mit einem spitzen Schrei die Arme hoch, um den Anblick abzuwehren.

Zu spät, er ergab sich in einem hysterischen Lachanfall, der immer wieder hoch ansetzte, wenn er mich ansah. Genau wie früher bei den Dick-und-Doof-Filmen hat er gelacht.

Er ging kreischend vor Lachen durch das riesige Wohnzimmer, am Kamin vorbei in sein Schlafzimmer und machte die Tür hinter sich zu.

Ich habe ihn noch eine ganze Weile in seinem Zimmer allein so hoch und laut lachen gehört. Wartend saß ich an dem großen futuristischen Plexiglas-Esstisch, den er von einem Architekten für ein Bild bekommen hatte, scharrte mit den Füßen auf der Kokosfaserauslegware und sah mir seine Bilder an, mit denen die Wände vollgehängt waren.

Irgendwann hat er sich die Nase geschnäuzt und kam raus.

Als er mich jedoch ansah, fing er wieder an.

Diesmal ging ich raus mit meiner neuen Frisur.

Ich hatte noch zwei Mark, damit fuhr ich ins ‹Old Daddy›.

Das war eine Diskothek in Oberhausen, in der die Leute zu den Vorreitern der Neuen Deutschen Welle tanzten.

Hier war ich mit meiner neuen Dauerwelle genau richtig.

Auf der Balustrade, von der man auf die Tanzenden herabsah, traf ich plötzlich Edelkurt wieder, der mich ein wenig mitleidig ansah.

Aber er sagte nur, «wächst doch wieder, sind doch nur Haare».

Wir waren sofort wieder zusammen, obwohl er für den Lachanfall meines Vaters Verständnis zeigte.

Die Einzige, die meine Frisur wirklich gut fand, war unsere Putzfrau.

Sie sagte, kurz würde mir besser stehen als die langen Haare, weil die so gestreckt hätten und ich dadurch noch länger aussah. Kurz sei bei mir vorteilhafter, sagte sie.

Merkwürdigerweise war sie aber selber kurz und hatte trotzdem ganz kurze Haare.

SOMMER IM HARZ

Edelkurt sollte recht behalten, meine Haare waren bald wieder länger.

Mein Vater und die Frau Doktor fuhren nach Jugoslawien.

Edelkurt wollte nicht mit, denn er hielt Auslandsreisen mit dem Auto oder dem Flugzeug für Umweltverschmutzung und fuhr lieber mit der Bahn zum Opa in den Harz, wo er drei Wochen bleiben wollte, um alleine zu wandern.

Und dann konnte ich ja nachkommen und ihn dort besuchen.

Jahre später hat er sich darüber unheimlich geärgert, als er zum ersten Mal im Süden am Meer war und schnorcheln konnte. Das war natürlich was anderes, als im Harz morsche Baumstämme umdrehen zu gehen. Da muss er sich unter Wasser gefühlt haben wie auf einem anderen Planeten. Tja, das hätte er damals förmlich umsonst haben können – nur dann auch noch mit Segeln, Tauchen und Delphine beobachten, eben das ganze Programm.

Aber eben auch mit meinem Vater und der Frau Doktor.

Das war dann nicht so schön, denn mit denen verstand er sich ja nicht so gut, und es wurde auch nicht besser, sondern eher schlechter.

Ich hatte so auch keine Lust, sechs Wochen ohne Edelkurt mit denen allein auf dem Boot zu sein, also blieb ich zu Hause.

Da ich mich dann in der riesigen Wohnung doch einsam fühlte und Edelkurt im Harz war, verbrachte ich die Zeit mit einer Freundin namens Schmitz, oder ich ging zu Edelkurts Geschwistern und hab mir dort die Ferienzeit vertrieben.

Da stellte sich heraus, dass der ältere Bruder auch einsam war und meine Gesellschaft suchte. Obwohl er früher nur zynische Bemerkungen für Edelkurt und mich übrig hatte, war er mit einem Mal, da Edelkurt im Harz war, unheimlich nett.

Wir verbrachten viel Zeit im Garten, den Edelkurt mit Klangobjekten bestückt hatte, die er aus Schrott zusammengebastelt und in den Bäumen und Büschen aufgehängt hatte, damit sie dort bei Wind oder Berührung klingelten. Sein altes Fahrrad mit dem morbiden Puppenkopf am Lenker und einer Hühnerkralle aus Gummi als Fahrradständer stand nun unbewegt im Garten.

Edelkurt war heimlich zu Hause ein richtiger Künstler und bastelte lustige Sachen, zu denen wir «schotich» sagten als Ausdruck dafür, dass es ‹cool› war. Oder wir sagten «abgefahr'n» statt ‹krass›. Und «Krönung» statt ‹porno›.

Mein Lieblingsobjekt stand oben unter dem Dach in seiner winzigen Schlafkammer. Es war eine alte Spieluhr, auf der mal irgendetwas Hässliches draufgeschraubt war, was sich dann zur Melodie von ‹I did it my way› gedreht hatte.

Edelkurt klebte auf die Spieluhr einen alten Hasenschädel, den er im Wald gefunden hatte. Der hat sich dann sehr stolz und selbstbewusst zu dieser schönen Melodie gedreht.

Das sah total schotich und abgefahr'n aus.

An seinem Bett stand ein Tropfophon, eine Erfindung, die Wassertropfen in verschiedene Gefäße über mehrere

Etagen leitet und dadurch akustisch anders klingen lässt und bei deren Hörkonsum man phantastisch einschlafen konnte.

Böse oder unglückliche Menschen werden aber davon wahnsinnig.

Es handelte sich also um so eine Art Charaktertest.

Aus dem Wald brachte er mal ein paar große Nacktschnecken mit. Die waren wirklich voll fett.

In dem Vorhaben, sie in Ruhe zu beobachten, drapierte er über seinem Bett einen Styroporklotz an einem Nylonfaden.

Die Unterseite hatte er mit der Hilfe von Stecknadeln mit Salatblättern geschmückt.

Nun konnten wir bequem im Bett liegend beobachten, wie die Schnecken über uns sich gegen die Erdanziehungskraft behaupteten.

Leider hielt der Salat die Nacht nicht durch und hing am nächsten Morgen welk herunter. So hatten die Schnecken irgendwann den Halt verloren und waren ins Bett gestürzt, dachte ich sofort, als ich die Augen öffnete.

Damit Edelkurt die Schnecken einsammeln konnte, sprang ich ganz schnell aus dem Bett und schüttelte mich gründlich.

Von Edelkurt habe ich gelernt, dass alles aus Sternenstaub ist. Und vor Sternenstaub braucht man sich nicht zu ekeln.

Sternenstaub. Das klingt richtig poetisch, viel schöner als Schimmel und Bakterien. Trotzdem war mir die große Kellerspinne unheimlich, die auf der Fensterbank am Kopfende des Bettes in einer gläsernen Bonboniere wohnte. Sie konnte mehrmals fliehen, und dann floh ich auch und kam erst wieder, wenn Edelkurt sie wieder eingefangen hatte.

Als er mich mal mit in den Wald genommen hatte, wollte er mir demonstrieren, warum ich keine Angst vor den Mücken zu haben brauchte. Weibchen flögen nicht in Schwärmen.

Das wären alles Männchen und die stechen nicht, versuchte er mir zu beweisen, indem er seinen Arm als Landeplatz für die Tiere anbot.

Der Arm ist total angeschwollen nach so vielen Stichen.

Waren doch Weibchen, auch sie fliegen in Schwärmen.

Edelkurt hatte einen sehr starken Forschergeist und opferte sich richtig auf für die Wissenschaft. Stundenlang saß er im Wald auf einem morschen Hochsitz, rauchte gegen die Mücken eine kleine Pfeife und musste seinen Durst mit Rotwein löschen.

Ich begann auch, in den Wald zu fahren, um dort zu zeichnen.

So wie van Gogh. Der hat auch tagelang Wurzeln gezeichnet, bis er völlig verwurzelt war.

Jedenfalls versuchte ich zu verstehen, warum Edelkurt mich nicht jetzt sofort bei seinem Opa haben wollte, sondern erst in drei Wochen.

Der Bruder versuchte mich zu trösten, aber da waren die drei Wochen schon vorbei, und ich setzte mich in den Zug, um vier Stunden lang in den Harz zu fahren.

Dort war es so, wie ich es mir vorgestellt hatte: ein kleines Dorf mit ganz wenigen Einwohnern, die alle irgendwie aussahen und sprachen wie Edelkurts Mutter, die auch hierherkam.

Der Opa war ganz lieb zu mir, und wir aßen Mettwurstbrote, wobei er mir ein selbstgemachtes Buch zeigte, in dem er Tausende von Sprüchen und Aphorismen gesammelt hatte.

Dann ernteten wir für ihn die Preiselbeeren, weil er ja nicht mehr so konnte mit dem Stalingradfuß.

Wir gingen spazieren und liefen über die Felder, wanderten in die nächste kleine Stadt und gingen dort in eine kleine, von der Dorfjugend spärlich besuchte Diskothek, wo man mir einen Schuh klaute, denn ich hatte Blasen an den Füßen und tanzte darum barfuß zu ‹Sexmachine›.

Eine merkwürdige Vorstellung, dass da irgendeiner meinen Schuh mitnahm und vielleicht zu Hause genüsslich daran schnüffelte.

Das war der erste Sommer, den ich in Deutschland verbrachte, und ich hatte großes Glück, denn es war warm, und die Sonne schien richtig heiß.

Morgens schwammen wir in einem kleinen Tümpel und hielten ein kleines Mittagsschläfchen in einem kleinen Wäldchen.

Alles war klein.

Das Haus, die Betten, der Opa.

Klein und schön.

Plötzlich kam überraschend der große Bruder, um uns die Ferien zu versauen. Ich war in einer sehr merkwürdigen Situation, denn der Bruder stierte Edelkurt unentwegt so bedrohlich in die Augen.

Edelkurt war total sauer und haute erst mal ab in den Wald.

Dann stierte der Bruder mich an, was mir unangenehm war, aber gleichzeitig wurde ich auch neugierig und fühlte mich geschmeichelt, weil Edelkurt mich gar nicht mehr ansah und nur noch allein unterwegs war, seit der große Bruder angekommen war.

Irgendwann erklärte mir Edelkurt, der große Bruder hätte ihm immer alles weggenommen, und jetzt wollte er ihm mich als Freundin wegnehmen, und er hätte keine Chance, denn der Bruder arbeitete mit allen Tricks. Und das stimmte.

Zum Beispiel hatte der Bruder, als sie klein waren, sogar Asthmaanfälle vorgetäuscht, um den ganzen Nachmittag lang bei heruntergelassenen Rollläden auf dem Sofa liegend Bonanza und Flipper zu gucken.

Edelkurt musste nach draußen spielen gehen, denn er war ja gesund, und die Sonne schien. Darüber ist Edelkurt lange nicht hinweggekommen, denn das waren auch seine Lieblingssendungen gewesen.

Ich selber hatte ja auch mit diesem Asthmatrick gearbeitet, um die Ehe meiner Eltern zu retten. Aber für eine Fernsehsendung seine Gesundheit aufs Spiel zu setzen, das konnte ich mir gar nicht vorstellen.

Gott sei Dank besuchten wir die Tante in Goslar, und die Situation entkrampfte sich, weil jetzt andere Personen im Vordergrund standen. Die Tante war Lehrerin und lebte mit ihrem Mann in einer kleinen Wohnung, wo wir auf der Wohnzimmercouch übernachten konnten. Die beiden passten überhaupt nicht zusammen und wollten beweisen, dass man trotzdem jahrelang verheiratet sein kann. Der Mann von der Tante trank wohl ganz gerne mal einen über den Durst. Edelkurt rauchte manchmal Zigarre und hatte seine leere metallene Zigarrenschutzhülse in der Küche liegen gelassen.

Der Onkel reichte mir die phallisch anmutende Hülse mit den Worten: «Hier, dein Beruhigungsmittel!»

Dazu muss man sagen, dass seine Polypen durch den Alkohol stark angeschwollen waren und er schnaufend durch die Nase sprach: «Hier, hnph, dein Beruhigungsmittel, hnph!»

Sie hatten auch einen kleinen, weißen, niedlichen Wuschelhund.

Zu dem sagte er mit der Schnaufnasenstimme: «Lucie,

du altes Arschloch, hnph! Komm her, hnph!», und Lucie kam schwanzwedelnd zu ihrem Chef.

Zu seiner Frau, die am Steuer saß, weil er keinen Führerschein mehr hatte, sagte er, wenn die Ampel endlich grün wurde: «Ab, hnph!», und dann fuhr sie los.

Die ganze Fahrt über nichts anderes als: «Ab, hnph!»

Vielleicht schnaufte er einmal sogar: «Und ab, hnph!»

Da waren die Ferien auch schon zu Ende.

Wir waren wieder zu Hause, wo mein Vater und die Frau Doktor braungebrannt von ihrem Urlaub schwärmten, und ich war froh darüber, dass wir alle wieder zu Hause waren.

Aber leider freuten sie sich nicht über die Rückkehr des Edelkurt.

Mein Vater kriegte grundsätzlich alles in den falschen Hals und fühlte sich von ihm angegriffen. Dabei stellte er nur ganz harmlose Fragen über die DDR.

Edelkurt war nun mal jung und neugierig. Zum Beispiel fragte er: «Wieso finden Sie einen Staat gut, in dem man sich keinen alten Mercedes kaufen kann und auch nicht so einfach eine Fabrikhalle ausbauen darf? Und so ein Boot in Jugoslawien wäre dann ja auch nicht möglich!»

Mein Vater fühlte sich total provoziert und hätte den ungeliebten Schwiegersohn liebend gern die Treppe runtergeschmissen.

Unser Mercedes war ja schon uralt und von den Schwiegereltern bloß sonntags zum Spazierenfahren benutzt worden.

Sonst hatte der nur unbeweglich bei denen in der Garage gestanden, darum sah der auch noch so gut aus. Und die Fabriketage hatte er in monatelanger Maloche selbst ausgebaut und musste nun die Kredite abstottern. Es verschlug ihm die Sprache, und er beförderte den frechen Edelkurt am Kragen in das Treppenhaus und drückte ihn die Treppe hinunter.

Sozusagen mit sanfter Gewalt.

Aber Edelkurt war hart im Nehmen und ging ab dem nächsten Tag einfach nur noch grußlos an meinem Vater vorbei in mein Zimmer.

Natürlich war es unter diesen Umständen bei uns zu Hause nicht so lustig. Also verbrachten wir die meiste Zeit in dem alten Zechenhäuschen, wo Edelkurt neuerdings mit seiner Schwester, dem Schwager, der Babynichte und dem älteren Bruder wohnte, weil die Dreizimmerwohnung der Eltern nun wirklich zu eng geworden war. Sie waren also aus der engen elterlichen Wohnung ausgezogen und hatten eine neue Familien-WG gegründet.

Dort war immer was los.

Einer saß auf dem Kohleofen, die anderen auf den Stühlen, und dann wurde Kaffee getrunken, gescherzt und mit der Babynichte Schabernack getrieben. Das war oft ganz schön sportiv, ist aber immer gutgegangen. Die Kleine wurde von Edelkurt und seinem Bruder im Abstand von drei Metern hin- und hergeworfen, wobei sie gackernd lachte.

Die Schwester ging derweil immer raus, und wir hörten, wie sie in der Küche die Melodie von dem Film ‹Rosemaries Baby› vor sich hin summte. Sie hatte einen außergewöhnlichen Humor.

Wenn die Jungs endlich fertig waren mit ihrer Tochter und die Kleine gesund und glücklich auf dem Fußboden krabbelte, kam sie wieder rein mit den ernsten Worten: «Ihr seid ja alle völlig verrückt.»

Es wurde sowieso viel Zeit mit Lachen und Kalauern verbracht, und keiner nahm die Dinge so tierisch ernst.

Im Nachbarhaus war ein phantastischer Scherzartikelladen, völlig deplatziert an diesem Zechengelände. Wirklich nur was für Eingeweihte. Dort gab es Kostüme und alles, was man brauchte, wenn es so richtig lustig sein sollte.

Nun meint man, dass die Eigentümer dieses Ladens bestimmt auch lustige Leute gewesen sein müssen. Man konnte aber durch die Wände hören, wie die sich fetzten.

Es handelte sich nämlich um ein Ehepaar, das unablässig stritt. Außer, sie gingen zu einer Karnevalsveranstaltung.

Dann wurde berufsmäßig gelacht und gefeiert, denn dort war der potenzielle Kundenkreis.

Einmal ging ich an dem Laden vorbei und hörte, wie sie sich anschrien. Dabei hatten sie so eine lustige Karnevalsmusik bis zum Anschlag aufgedreht. Das war dann eine tragische Geschichte, über die man aber bei Kaffee und Kuchen lustig und lange tratschen konnte. Mein Gott, wie die Zeit dabei verging.

DSCHÄÄÄZZ!!!

Genau wie meine Mutter hatte auch ich keine Lust, auf Ostermärsche zu gehen, weil ich es immer so anstrengend fand.

Ich erkläre kurz für die Jüngeren unter uns: Ostermärsche für den Frieden gab es schon in den sechziger Jahren. Anfang der achtziger Jahre waren sie die weltweite Reaktion der Völker auf das atomare Wettrüsten der Großmächte Amerika und Russland, und zwar in Form von gigantischen Demonstrationszügen.

Hunderttausende von Menschen verstopften also die Straßen.

Die Leute in den Häusern hatten richtig Mitleid mit uns, weil wir so ungeschützt in der gleißenden Mittagssonne standen und es nicht weiterging. Ostern ist ja gerne schönes Wetter!

Einige haben dann aus den Fenstern eimerweise Wasser auf die Ostermarschgänger geschüttet, um sie zu erfrischen. Am Straßenrand gab es Energiebällchen aus ökologischem Anbau zu essen, wenn gar nichts mehr ging.

Ich dagegen wuchs schon wieder von der Leberwurst in die Länge und hatte einen Kreislaufzusammenbruch, lag völlig benebelt im Sanitätszelt und musste Salzwasser trinken, mein Lieblingsgetränk.

Aber als mein Vater mir sagte, ich könne beim nächsten

Mal auf dem Lkw mitfahren, auf dem er Musik machte, war ich einverstanden. So hab ich doch noch dazu beigetragen, dass das Wettrüsten der Amerikaner und Russen beendet wurde.

Ich war also mit daran beteiligt, den Dritten Weltkrieg zu verhindern, und sorgte so dafür, dass die Welt noch weiter bewohnbar blieb, ohne dafür laufen und in Ohnmacht fallen zu müssen.

Wir saßen auf der großen Ladefläche von dem Lkw und fuhren langsam von einer Kundgebung zur anderen.

Am Schlagzeug saß Chuck Cornish und sang ‹Summertime›.

Helge Schneider blies dazu das Tenorsaxophon, Jochen Bosak spielte Klavier, Glöder war am Bass, und mein Vater blies Flügelhorn.

Plötzlich begann ich bewusst zuzuhören und nahm sogar ein Samba-Ei zur Hand. Auf einmal verstand ich überhaupt erst mal, was mein Vater und die Musiker da machten: Jazz!!!

Ich ließ mir von Chuck den Text aufschreiben und fing sofort zu Hause an zu üben, denn ich wollte Jazzsängerin werden.

Mein Vater besaß eine riesige Sammlung ‹Blue Note›-Schallplatten von politisch korrekten Afroamerikanern, die inzwischen schon ganz schön wertvoll geworden war.

Natürlich waren die meisten Platten rein instrumental, also mit Trompete und Kontrabass, seinen Lieblingsinstrumenten. Aber er hatte auch die Sängerinnen Billie Holiday und Ella Fitzgerald in seiner Sammlung.

Ich hörte mir zuerst Ella an und fühlte mich genauso unfähig, sie zu begreifen, wie sich damals der unmusikalische

Kaiser nach der Mozartoper gefühlt hatte: «Zu viele Noten!»

Das war viel zu kompliziert und schwierig für mich. Woher sollte ich diesen unglaublichen Sprudel an Lebensfreude nehmen und ihn dann aus meiner Kehle strömen lassen, wie Ella es konnte?

Also legte ich Billie Holiday auf und sang mit ihr um die Wette.

Ich versuchte, ihre Stimme zu imitieren, was dann so klang wie eine Katze, die sich fortpflanzen will.

Am nächsten Sonntagmorgen stand ich wie immer im Jazzkeller ‹Blue Note› an der Kasse und dachte aber das ganze Konzert hindurch: «Gleich geh ich hin, nur noch das eine Stück, wenn das zu Ende ist … Nach dem nächsten Lied frag ich aber bestimmt, ob ich singen darf. Jetzt! … Oh, schade, die machen Pause … Mist, ich muss schon wieder aufs Klo!»

Als ich vom Klo zurückkam, war die Pause vorbei, und die spielten auch schon wieder. Jetzt hatte ich Bauchschmerzen von dem Durchfall, den ich bekommen hatte. Aber ich hatte ja noch eine Woche Zeit zum Üben, und am nächsten Sonntag war ich mutiger.

Ich schnappte mir einfach das Mikrophon und sagte «Summertime».

Helge und mein Vater bliesen sofort das Thema, dann war ich an der Reihe. Ich überraschte die Musiker, meinen Vater und das Publikum mit dem Gesang einer Katze, die sich fortpflanzen wollte.

Die Musiker fanden das gut und fühlten sich von meinem Gesang sogar angesprochen. Als mir dann auch noch meine Tasche umfiel und der gesamte Inhalt auf dem Boden lag, also auch Tabak und obendrauf meine Antibabypille, die ich immer prophylaktisch bei mir trug, trafen sich Blicke.

Mein Vater erspähte den Tabak und ärgerte sich, und ein Musiker sah die Pille und freute sich. Ich wurde richtig als Sängerin akzeptiert und erweiterte nun wöchentlich mein Repertoire.

Schließlich kam sogar eine kleine Nachwuchsjazzband zustande, und wir probten regelmäßig im ‹Blue Note›. Der Klavierspieler sah aus wie Keith Jarrett in lang. Mit ihm habe ich alles Mögliche geübt. Irgendwie kam sogar ein Auftritt in einer anderen Stadt zustande. Die Tante von irgendeinem eröffnete einen Friseursalon, und wir spielten vor der Tür, um die Leute reinzulocken. Es sind wirklich viele reingegangen, denn drinnen gab es Sekt umsonst.

Dann gab es auch mal ein Konzert im ‹Blue Note›-Keller, da hat mir die Hand mit dem Mikrophon geflattert, und als ich auf dem Klo in den Spiegel guckte, hatte ich einen riesigen roten Fleck am Hals, der aussah wie gemalt.

Mein Vater hatte natürlich alles aufgezeichnet mit seinem Tonbandgerät, und ich saß am Nachmittag da mit hochroten Ohren und spulte immer wieder die eine Stelle zurück, wo meine Stimme so klang, dass ich gar nicht glauben konnte, dass ich das war.

Ich musste noch ganz viel üben.

Helge sagte: «Nein, nein, das ist nicht so schlecht, du fängst ja grade erst an!», als mein Vater ihm das Band vorspielte und ich darauf bestand, dass sie es ausmachten. Dann machte Helge mich völlig übertrieben nach und sang wie ein Kater, der sich fortpflanzen wollte, was sehr lustig war. Dadurch habe ich aufgehört, mich so doll zu schämen. Ich war noch nicht einmal sauer auf meinen Vater, der sich auch kaputtgelacht hatte.

Ich fühlte mich zum ersten Mal ernst genommen.

SOLANG MAN LEBT, SOLL MAN RAUCHEN

Durch den Tabak kam mir auch die Frau Doktor wieder entgegen, denn sie hatte offiziell aufgehört zu rauchen und schnorrte heimlich bei mir.

Wir hatten also ein richtiges kleines Geheimnis, denn mein Vater hasste Raucher, weil die ihm immer die Streichhölzer klauten und er dann den Kamin nicht anstecken konnte. Außerdem sagte er immer zur Frau Doktor, als die noch so viel geraucht hatte, sie schmecke, als ob man einen Aschenbecher küssen würde. Und wenn die Frau Doktor schon mit Kippchen auf dem Klo saß, dann beschwerte er sich, es röche, als habe jemand in einen Aschenbecher geschissen.

Er konnte einem so richtig schön das Rauchen vermiesen.

Da hat die Frau Doktor dann offiziell aufgehört, denn sie wollte schwanger werden, und darum übte sie schon mal das Nichtrauchen. Aber nach dem Frühstück kam sie heimlich zu mir und zog an meiner Zigarette, damit sie aufs Klo konnte.

Ist doch nicht schlimm, kann man doch ruhig mal sagen.

Ist doch auch natürlich, wenn man den Körper jahrelang darauf trainiert hatte, dass Stuhlgang und Zigarette zusammengehörten. Das werden alle Raucher bestätigen.

Irgendwann war es dann so weit, und die Frau Doktor war schwanger.

Nach und nach rauchte sie gar nicht mehr und entfernte sich wieder von mir, weil sie mich und meinen Tabak nicht mehr brauchte. Ich ging ihr nur noch auf den Zeiger, denn nachts ließ ich manchmal auf dem Klo das Licht an, was mir vom Taschengeld abgezogen wurde. Ich bekam fünf Mark in der Woche.

Davon wurden so lange zwei Mark abgezogen, bis ich gelernt hatte, das Licht auszumachen, wenn ich wieder ins Bett ging.

Dann ging sie tanzen und schüttete mir eine Schüssel mit Linsen und eine mit Erbsen vor die Füße, damit ich sie auflesen sollte. Wenn die Tauben mir nicht geholfen hätten, wäre ich damit nie fertig geworden.

Zu Hause stand sie nur noch mit ihrem Bauch vor dem Spiegel: «Spieglein, Spieglein an der Wand! Wer ist die glücklichste Schwangere im ganzen Land!?»

Ich jedenfalls nahm todunglücklich die Pille, packte meinen Koffer und zog zu Edelkurt und den sieben Zwergen in die winzige Dachkammer, denn ich fand alles viel schlimmer, als es vielleicht wirklich war. Aber ich hielt es zu Hause einfach nicht mehr aus.

Das war aber ganz in Ordnung, denn mit siebzehn konnte man doch schon auf eigenen Beinen stehen, zumal ich ja schließlich wieder die vollen fünf Mark Taschengeld die Woche bekam, denn ich verbrauchte ja in dieser Wohnung keinen Strom mehr.

Irgendwie würde ich das schon hinkriegen, dachte ich.

Mein Vater verhielt sich so, wie alle Männer sich verhalten, wenn die Frau schwanger ist und plötzlich in diesen Latzhosen aussieht wie die Schwester von Samson aus der Sesamstraße und sie einem irgendwie leidtut, so klein und dick: Er sagte gar nichts dazu.

Für ihn waren wir Frauen, und die sind manchmal bescheuert.

So bemühte man sich auch nicht, mich zurückzuhalten, als ich das Haus verließ, sondern die beiden genossen die Zweisamkeit und freuten sich auf das Baby.

Edelkurt war nicht so begeistert, als ich verheult mit dem Köfferchen einlief, denn die Dachkammer war wirklich winzig.

Dafür freute sich sein großer Bruder umso mehr.

Die Spannung stieg, und ich suchte mit der Sozialwissenschaften studierenden Schwester nach einer Lösung.

Die Lösung hieß Mutter, denn die war ja eigentlich unterhaltspflichtig.

Am Telefon erzählte ich meiner Mutter von meinem Desaster, und sie hatte auch sofort einen Vorschlag: Ich solle bei ihr in Bremen wohnen und in ihrem Krankenhaus eine Ausbildung als Krankenschwester machen. Sie würde das sofort organisieren, denn sie wollte nicht mehr allein sein und sehnte sich nach mir.

Das konnte ich mir aber gar nicht vorstellen, denn ich wollte Sängerin werden oder Kunst studieren. Und mit Edelkurt eine Fernbeziehung? Völlig unrealistisch. Also ging die Schwester, die Sozialarbeiterin werden wollte, mit mir zum Sozialamt, und dort stellte sich heraus, dass ich die Mutter verklagen musste, wenn sie mir die dreihundert Mark Unterhalt nicht geben wollte, die mir zustanden. So viel Geld brauchte ich vielleicht gar nicht, wenn ich noch nebenbei jobbe, dachte ich und machte mich auf den Weg zu ihr.

Ich stellte mich also an die Autobahnauffahrt und hielt den Daumen Richtung Bremen, um mit ihr zu reden. Dreihundert Kilometer weiter und nur fünf Stunden später hat sie sich so gefreut, als ich überraschend ankam, dass sie mir ihr ganzes Herz ausschüttete. Sie war sehr einsam in der kleinen Wohnung, und verschuldet sei sie auch. Völlig ratlos fuhr ich mit dem Zug wieder nach Oberhausen.

Weil ich nicht mehr weiterwusste und sich eine komplizierte Dreiecksgeschichte mit den Brüdern unter dem kleinen Dach anbahnte, die zwangsläufig zu einer blutigen Romangrundlage mutieren würde, unterschrieb ich mit einem schlechten Gefühl die Unterhaltsklage.

Ich musste unbedingt eine eigene kleine Wohnung haben.

Die nächsten zwei Monate verbrachte ich bei Edelkurt in der kleinen Dachkammer mit dem Lesen der völlig absurden Briefe des Anwaltes meiner Mutter. Dort hieß es, mein Vater sei ein «politischer Designer» und er würde mit diesem Phantasieberuf, den es ja gar nicht gab, ganz viel Geld verdienen.

Das stimmte natürlich nur in der Phantasie meiner Mutter.

Das Geld verdiente nämlich jetzt die Frau Doktor.

Mein Vater machte mit den Volkshochschulkursen ein paar kleine Mark und verkaufte ab und zu mal ein Bild. Und mit Jazzmusik wird man bekanntlich auch nicht reich.

Aber die Mutter war natürlich wütend und traurig, weil mein Vater mit der Frau Doktor ein Baby bekam und sie zusammen so glücklich waren. Und wenn man selbst sehr unglücklich ist, merkt man gar nicht, dass man andere mit unglücklich macht.

Edelkurts Schwester und der Schwager hatten richtig Mitleid mit mir, aber mehr, als mich mit durchzufüttern, konnten sie auch nicht, und das war schon eine unglaubliche Hilfe.

Als der Psychoterror zwischen dem großen Bruder und Edelkurt dann überhandnahm, war es endlich so weit: Die

Frau Doktor entband auf der Privatstation ein gesundes kräftiges Mädchen, das später auf den Namen Laura hörte. Meine Halbschwester.

Ich ging mit Edelkurts Schwester in ein Geschäft und kaufte dort von meinem Taschengeld ein Babybadetuch mit einem kleinen Elefanten drauf. Dieses überreichten wir der Frau Doktor am Wöchnerinnenbett. Überraschenderweise hat sie sich darüber unheimlich gefreut.

Sie war wie ausgewechselt nach der Geburt, die sehr anstrengend gewesen war. Wir verstanden uns sofort wieder gut, denn sie war anscheinend wirklich froh, mich zu sehen, und ich hatte ja eigentlich auch gar nichts gegen sie.

Ich hätte ihr auch weiterhin von meinem Tabak abgegeben, aber sie rauchte ja nicht mehr. Vielleicht war das sogar der Grund dafür, dass wir uns zerstritten hatten.

Ein paar Tage später rief mich die Putzfrau meines Vaters an, weil es der Frau Doktor auf einmal total schlechtging, denn sie hatte eine Embolie und lag im Koma. Mein Vater und ich holten meine neugeborene Schwester von der Säuglingsstation ab und brachten sie nach Hause.

Die Oma war ja auch noch da, aber die hatte alles, was mit Babys zu tun hatte, schon längst wieder vergessen und musste selbst versorgt werden.

Ich musste also erst noch die ganzen Babypflegebücher lesen, bevor ich wusste, was alles zu beachten war. Glücklicherweise war da die nette anthroposophische Frau von oben. Sie holte erst mal die alten Strampelanzüge aus reiner Schafwolle herunter, die sie für ihre Kinder gestrickt hatte. Und dann zeigte sie mir, wie man Fläschchen macht, Windeln wechselt und Nabelpflege betreibt.

Mein Vater war im Krankenhaus und blieb auch dort.

Nach einer Woche war die Frau Doktor tot.

Plötzlich war die Welt ein Vakuum, und es wurde einem schwindelig mit Bleifüßen.

Ich holte mein Köfferchen bei Edelkurt ab, denn ich zog wieder zurück zu meinem Vater, der die Welt nicht mehr verstand.

Da er es besser woanders aushielt, war ich oft mit Laura allein und versuchte, so zu tun, als sei ich ihre Mutter. Ich las alle Bücher, die bei der Frau Doktor am Bett standen, und wusste bald bestens Bescheid.

Alle zwei bis vier Stunden Fläschchen geben, Windel wechseln, Babybad herrichten, viel frische Luft, also spazieren gehen.

In einem besonders dicken Buch ging es um das Stillen.

Das konnte ich leider nicht bedienen, hätte es aber gerne getan, denn in dem Buch stand, dass Stillen am besten wäre.

Dort stand auch, dass man sogar ein adoptiertes Kind stillen konnte, wenn man dafür sorgte, dass das Kind regelmäßig an der Brust saugte. Dazu brauchte man eine Milchflasche mit einem kleinen dünnen Schlauch, den man an der Brustwarze festklebte. Dadurch, dass das Kind an der Brustwarze saugte, bekam es Milch durch den Schlauch, und gleichzeitig sollte durch das Saugen die Milchproduktion der «Amme» in Gang gebracht werden, sodass man nach einiger Zeit das Kind mit eigener Milch stillen konnte, selbst wenn man noch kein Kind geboren hatte.

Also hätte Maria damals den Jesus auch irgendwo gefunden haben können. Die haben doch früher ständig Babys in Körbchen gelegt und im Fluss wegtreiben lassen. Und als Jungfrau hätte sie ihn dann gestillt, sodass niemand anzweifelte, dass es nicht ihr eigenes war. Aber die hatten damals noch gar keine Plastikschläuche. Egal. Strohhalme hatten sie ja schon, dachte ich.

Ich fand das alles hochinteressant.

In dem Buch stand auch, dass Flaschenkinder, die beim Trinken direkten Körperkontakt zur Haut ihrer Bezugspersonen haben, gesünder aufwuchsen, und das ließ sich machen, denn es war ein warmer Juni.

Ich versuchte also, die Frau Doktor so gut es ging zu vertreten.

Nachts aufstehen und Fläschchen geben machte mein Vater, denn nachts war er da, konnte aber sowieso nicht schlafen.

Dann kam die Beerdigung. Die nette anthroposophische Frau passte auf das Baby auf, und wir fuhren zum Friedhof.

Da war was los. Es waren Hunderte von Menschen dort versammelt, die Abschied nehmen wollten und sich ein Programm ausgedacht hatten. Das gesamte Friedhofsgelände war bevölkert, und man sah vor lauter Menschen die Gräber gar nicht mehr. Neben Freunden und Verwandten kam die gesamte Stadtverwaltung von Oberhausen und natürlich alle Bekannten von der Gewerkschaft, der SPD und der DKP.

Als Erstes hielt der Museumsleiter vom Schloss Oberhausen in der Kapelle eine schöne Rede, denn er hatte die Frau Doktor sehr gemocht und wohnte im selben Haus auf Parterre, wo er sich unser ehemaliges Jugend-Café zur Wohnung ausgebaut hatte. Er spielte sogar ein Stück auf der Querflöte.

Dann wurde der Sarg, von dem Trauerzug verfolgt, zu Grabe getragen. Mein Vater stand taumelnd am Grab, und seine Freunde hinderten ihn daran, hineinzufallen. Dazu sang der Gewerkschaftschor.

Es war schrecklich.

Alle kamen und schüttelten der Verwandtschaft die Hände: «Herzliches Beileid!»

Die Schlange nahm kein Ende.

Die Mutter der Frau Doktor war ganz klein und wurde kräftig durchgeschüttelt. Sie hatte gar nicht gewusst, dass ihre Tochter so beliebt gewesen war. Mir wurde schwindelig, und ich wich zurück, um nicht weiter geschüttelt zu werden.

Abschließend ging es zu uns nach Hause. Etwa dreißig Menschen saßen und standen in dem großen Wohnzimmer.

Alle wirkten betrübt und verzweifelt. Die Stimmung war sehr bedrückend.

Und das war der Moment für Fasia.

Sie fing an, in ihrem Hamburger Slang die Beerdigungsveranstaltung auf dem Friedhof noch mal nachzuerzählen, für den Fall, dass irgendeinem entgangen sein sollte, wie schrecklich das Programm gewesen war.

Der Gewerkschaftschor war die traurigste Einlage gewesen.

Fasia machte den schrecklichen Chor nach und sagte, sie hätte die ganze Zeit, als mein Vater so am Grab stand, gedacht, wenn der Chor jetzt weitersingt, springt Kuro gleich ins Grab und sie hinterher.

Dann machte sie noch mal den Chor nach, und mein Vater, der bereits bei der ersten Gesangsdarbietung hoch gejauchzt hatte, machte sich Luft und brach in verzweifeltes Gelächter aus. Wie bei Dick und Doof oder vor zwei Jahren bei meiner Frisur.

Sie hatte es einfach raus. Fasia war unglaublich.

Für mich war sie die Nummer eins.

«Da hat die Frau Doktor noch mal Glück gehabt, dass sie das nicht hören musste, was die da sangen», setzte sie noch einen drauf.

Mein Vater weinte vor Lachen, denn Fasia gab noch eine Chorzugabe. Was für eine Kraft!

Ich würde auch Sängerin werden, beschloss ich.

LAURA

Mein Vater, die kleine Laura und ich fuhren für zwei Wochen nach Holland, um nicht mehr zu Hause zu sein. Wir wohnten bei Freunden in einem schmalen, hohen, alten Gebäude, wie es in Holland üblich ist.

Einmal kam mein Vater spät nach Hause, denn er hatte mit seinen Freunden in einer Kneipe gesessen. Laura war wohl aufgewacht, und auch ich war wach geworden und sah, wie mein Vater Laura ihr Fläschchen gab. Laura sog ein paarmal, die Flasche leerte sich und war innerhalb von Sekunden ausgetrunken.

«Bohr, hat die 'n Zug!», sagte mein Vater erstaunt.

Dann merkte er aber, dass der Verschluss nicht dicht gewesen war und die ganze Milch in Lauras Strampelanzug gelaufen war.

Am nächsten Morgen kam eine Taube, Frau Doktors Lieblingstier, in das Zimmer zu Lauras Körbchen und guckte hinein.

Mein Vater dachte auf einmal an Reinkarnation, und ich war sehr stolz auf ihn, denn damit beschäftigte ich mich ja auch. Aber ob das wirklich die Frau Doktor gewesen war?

Wir fuhren nach Oberhausen, und ich ging zur Schule.

Mittags warteten schon die Oma und Laura auf mich.

Mein Vater musste sich jetzt intensiv darum kümmern, Geld zu verdienen, denn Laura bekam nicht einmal eine Halbwaisenrente, weil die Frau Doktor ein paar Wochen zu wenig gearbeitet hatte, und die fehlten nun für die Rentenkasse.

Bürokratie.

Alles wackelte. Ob wir ausziehen und das Boot verkaufen mussten?

Nicht durch ein Wunder, sondern durch seine Beziehungen in der Stadtverwaltung bekam er eine Arbeit bei der Stadt. Das nennt man Wirtschaftspolitik. Man geht in eine Wirtschaft, trifft dort die Leute von der Stadtverwaltung, alles ganz normale Leute, die man als Künstler der Stadt so kennt, und klüngelt mit denen am Tresen. Dort hatte man sich nach diversen Bieren für meinen Vater extra einen Beruf ausgedacht, den es bis dahin gar nicht gab: «Stadtkünstler».

Er sollte zum Beispiel mitten in der Stadt auf der Marktstraße Kunstaktionen mit Kindern veranstalten.

Schon lange vor dem Entstehen des Centros, des Supereinkaufsparadieses in Oberhausen, hatte die alte Innenstadt brachgelegen.

Mein Vater überdachte die triste Oberhausener Einkaufsstraße mit Hunderten von Kindern bunt bemalten Tüchern, baute mit ihnen ein riesiges Krokodil aus Pappmaché und lauter solche Sachen.

Ein schöner Beruf.

Die Kinder waren begeistert, und die Mütter gingen in aller Ruhe einkaufen und waren dabei stolz auf ihren künstlerischen Nachwuchs.

Heute geben höchstens mal die Gewerbegemeinschaften in der Weihnachtzeit Geld für die Kinder aus und stellen den Müttern einen Pavillon auf die Einkaufsstraße, in dem sich ein Kasten mit kleinen Plastikbällen befindet, der von Studentinnen auf Vierhundert-Euro-Basis bewacht wird.

Dort werfen die Mütter dann ihre Kinder rein und gehen

in Ruhe shoppen. Natürlich kaufen sie so viel mehr, als wenn die quengelnde Brut mit dabei ist. Vielleicht sogar ein teures Parfüm und elegante Unterhosen. Das lohnt sich schon für die Händler.

Eines Mittags schob ich den Kinderwagen die Straße entlang, als ein Sportwagen neben mir hielt. Ein sportlicher junger Mann sah zu mir herüber und sagte: «Na, musst du babysitten?»

In diesem Moment holperte der Kinderwagen über eine den Asphalt hochstemmende Baumwurzel, und aus dem Kinderwagen schoss eine Fontäne hoch, wie bei einem Wal. Ich hatte Laura grade noch gefüttert und vergeblich auf das Bäuerchen gewartet. Nun war es gekommen.

Durch die Erdanziehungskraft landete die Fontäne genau dort, wo sie herausgeschossen war, und Lauras Gesicht war nun voller Kotzmilch.

Der aufdringlich sportliche junge Mann sah das und gab Vollgas.

Ich dachte nur, wie praktisch, den bin ich los.

Für meine Freunde wurde ich aber auch uninteressant, denn ich konnte mich nicht mehr einfach verabreden, sondern musste erst wissen, was mein Vater vorhatte. Wenn er Termine hatte und Laura nicht mitnehmen konnte, musste ich zu Hause bleiben oder Laura mitnehmen. Das war eben so. Edelkurt hatte dafür überhaupt kein Verständnis.

Für ihn hatte sich gar nichts geändert, und er fand meinen Vater immer noch doof oder sogar noch doofer als früher.

Und weil ich das alles mit mir machen ließ, war ich jetzt auch doof.

Er traf sich jetzt immer montags mit einem Mädchen, die tanzte im ‹Old Daddy› wie ein Flummi. Die fand er gut.

Ich wechselte die Schule und musste um sieben Uhr morgens am Bahnhof in den Zug nach Duisburg steigen, wo ich nun eine Fachoberschule für Gestaltung besuchte. Heute sagt man Design.

Das war ein totaler Rückschritt, denn die Kunstlehrer dort waren stockkonservativ, und verglichen mit dem netten Kunstlehrer an der Gesamtschule, der Beuys-Schüler gewesen war, konnten die dort alle einpacken.

Am schlimmsten war der alte Chemielehrer, Herr Wagenknecht.

Er entnahm den Unterrichtsstoff seinen alten Aufzeichnungen, die er mit königsblauer Tinte in altdeutscher Schrift auf inzwischen vergilbte Blätter niedergeschrieben hatte. Ihn konnte man eigentlich nur unter dem Einfluss von Feuerzangenbowle ertragen.

Helge holte mich von der Schule ab, und wir gingen mit Laura im Oberhausener Kaisergarten spazieren.

Laura konnte mit Festhalten schon ein bisschen laufen, und so setzte sich Helge, der als Jazzmusiker unheimlich dünn war, in ihren Buggy und ließ sich von Laura schieben.

Er nahm sogar ihren Schnuller in den Mund und guckte sehr ernst.

Die Tiere waren ganz schön verwirrt.

Die Menschen in dem Erholungspark haben das aber gar nicht gemerkt, die waren alle total kaputt von der Maloche.

Endlich hatte ich den Prozess gegen meine Mutter gewonnen und gab die dreihundert Mark meinem Vater, damit er die Miete bezahlen konnte und wir nicht ausziehen mussten.

Inzwischen war ich neunzehn geworden und machte ein einjähriges Praktikum in einer Druckerei. Damit verbrachte ich die ganze Woche und ging freitags und samstags in die Schule.

In der Druckerei war es so langweilig, das kann man sich gar nicht vorstellen. Ich hatte nichts zu tun und machte sogar aus lauter Verzweiflung Hausaufgaben.

Zur Abwechslung wurde ich mal zu einer griechischen Imbissstube in der Nähe geschickt, wo ich eine Flasche Ouzo holen sollte. Es war gerade der Auftrag einer großen Karnevalszeitung reingekommen, und der sollte nun begossen werden. Nach drei Schnäpsen klingelte dann das Telefon und ein nerviger Kunde mit einem lächerlich kleinen Auftrag rief an.

Der Chef ging ans Telefon und nannte den Kunden «Suppenhuhn» und legte auf. Er war aber bei der Höflichkeitsform geblieben und hatte «Sie Suppenhuhn» zu dem Kunden gesagt.

Dann wurde weiter gefeiert.

Der Mann von der Karnevalszeitung kam dann regelmäßig in die Druckerei, und man stand ernst und gebeugt über den Leuchttischen und sah sich die Druckvorlagen an, denn der Mann war sehr kritisch und verstand überhaupt keinen Spaß.

Und darum ließ man mich auch nicht einmal in die Nähe der Folien. Karneval, Scherzartikelladen, damit ist nicht zu spaßen. Hopeditz, sei wachsam!

Ab und zu kam jemand aus der Druckerei und fragte nach mir. Dann hatten sie Termindruck, und ich musste Papierbögen in die Schneidemaschine legen oder Prospekte falzen. Dafür bekam ich sogar ein bisschen Geld.

Die meiste Zeit saß ich aber nur rum und malte, las Hermann Hesse und so ein Zeug und beschäftigte mich selbst.

Wenn ich dann nach Hause kam, saß ich mit Laura und

der Oma an dem Designer-Plexiglas-Esstisch und aß Butterbrote.

Laura konnte schon ein bisschen sprechen, und die Oma sprach auch gerne.

In der Regel eröffnete sie das Gespräch mit ihrer Pferdegeschichte.

Das Pferd sagte: «So, jetzt kannst du absteigen!» und neigte seinen Kopf zu Boden. Dann rutschte sie in Gedanken den Pferdehals hinunter und freute sich.

Die Oma bekam Essen auf Rädern, und Laura aß Aletegläschen mit Karottenschleim.

Manchmal stellte ich im Radio den Schlagermusiksender mit Schellackschätzchen ein. Dann fing die Oma sofort an, sich mit einem Tralala auf den Lippen und einem Tänzchen im Bein zu drehen, wie früher, wenn der Opa auf der Zither gespielt hatte.

Die Oma stand überhaupt nicht auf Jazz und war der Musik meines Vaters gegenüber bloß auf Toleranz getrimmt worden.

Trotz aller Toleranz lief sie manchmal durch die gleichmäßig beschallte Wohnung und schimpfte leise zischelnd vor sich hin, denn mein Vater hatte den Trick von meinem Opa übernommen und überall in der Wohnung Boxen verteilt, aus denen aber dann schneller Bebop-Jazz von Charlie Parker dudelte.

Einmal, als ich aufs Klo ging, schnappte Laura sich das Senfgläschen und löffelte es leer. Wie langweilig musste der Karottenschleim für sie sein, wenn sie es doch anscheinend so gerne pikant mochte.

Am nächsten Tag hatte sie einen knallroten Hintern wie ein Pavian auf Brautschau.

Mein Vater hatte auch ganz plötzlich eine Frau gefunden,

die mit ihrem vorpubertären Sohn bei uns einziehen wollte. Und ganz plötzlich wurde eine Wohnung in dem alten Viertel frei, in dem ich aufgewachsen war.

Sie war besonders billig, denn man schaute aus dem Fenster direkt auf einen Friedhof. Also war es dort schön ruhig, und man hatte immer Blumen und feierliche Kerzenstimmung, redete ich mir die Wohnung schön.

Der Hausverwalter war ein katholischer Pfarrer, der mich sofort sympathisch fand, denn ich hatte mir auf Anraten der Vormieterin extra einen Faltenrock und eine weiße Bluse angezogen, als ich zu ihm fuhr, um den Vertrag zu unterschreiben.

Von der Oma, deren Wohnung aufgelöst wurde, bekam ich ein paar alte Möbel, die mein Vater eigentlich wegschmeißen wollte, und dann zog ich um.

WIE ICH ‹SEINE GRÖSSTEN ERFOLGE› SANG

Von den dreihundert Mark Unterhalt blieben nach Abzug der Miete sogar sechzig Mark übrig. Damit kam ich richtig lange aus, denn ich kochte selber. Aber als das Geld zu Ende war, sah ich die Stellenangebote in der Zeitung durch und fand dort diese Anzeige:

«Tierfotograf sucht Modell für Porträts. Garantiert seriös!»

Das klang irgendwie interessant.

Ich rief sofort an und verabredete mich mit ihm.

Am nächsten Tag stand er vor meiner Tür.

Er war sichtlich verlegen und fing sofort mit der Arbeit an. Er hat mich einfach so, wie ich gekleidet war, von allen Seiten fotografiert, und ich kam mir vor wie ein interessantes Tier und überlegte, welches. Jedenfalls fühlte ich mich sehr beobachtet.

Dafür gab er mir nachher fünfzig Mark und sogar einen Vertrag über die Veröffentlichungsrechte, denn ich war der erste Mensch, den der Tierfotograf fotografiert hatte, und er wollte wohl alles richtig machen.

Das Geld reichte dann für ein paar Tage, in denen Helge vorbeikam.

Als Jazzmusiker hatte er immer Hunger. Selbstverständlich hatte ich Leberwurst im Kühlschrank, und wir aßen Butterbrote.

Helge hatte einen Gig in einem Brauereihaus in Dortmund. Dort sollte ich ‹mit meinem Mund› singen, und er wollte mich dazu am Klavier begleiten.

Obwohl er schon fast dreißig war, hatte er grade erst seinen Führerschein gemacht, und wir schwammen in einem alten Peugeot mit Heckflossen durch den zähen Feierabendverkehr.

Als wir in der Brauerei ankamen, saßen dort die geladenen Wirte, die eine anstrengende und wahrscheinlich total langweilige Brauereibesichtigung gemacht hatten. Nun sollten sie mit Bier, Weib und Gesang dazu überredet werden, die Verträge für die Bierlieferungen zu unterschreiben.

Der Chef begrüßte uns mit den Worten: «Herr Schneider, wie schön, dass Sie da sind. Wir hatten letzte Woche jemanden hier, der sang so was mit Schweinen, das war auch sehr gut. Mein idealer Lebenszweck ist Borstenvieh und Schweinespeck. Können Sie das, ja?»

Helge deutete auf mich und sagte irgendwas mit Jazz, dann fingen wir an. Helge spielte ein wild aneinandergereihtes Melodienallerlei, was sehr gut ankam, denn es verstärkte die Wirkung des frisch gebrauten Getränks.

Ich sang ‹How high the Moon›, ‹Moonlight Serenade›, ‹Sophisticated Lady›, ‹Summertime›, ‹All of me› und zum Abschluss ‹You've changed›.

Da waren alle besoffen.

Als Verstärker diente ein großes, altes Röhrenradio mit Auge, zum Sendereinstellen. Kennt man heute nicht mehr.

Durch das Radio klang ich wie in den vierziger Jahren und verwirrte die Wirte, die gerne was mit Schweinen gehört hätten.

Zwei von denen haben aber wohl doch total besoffen den Vertrag unterschrieben.

Darum hat Helge den Job noch ein paarmal machen können.

Von den hundert Mark konnte ich ganz viel Leberwurst kaufen.

Wir spielten auch schon mal in Hotels. Da waren dann zum Beispiel Ärzte von der Ärztekammer, die während des Essens gern beschallt wurden. Am liebsten von ärmlichen, in schäbigen Anzügen gekleideten Musikern, die alles gaben. Das fanden die romantisch. War es ja auch.

Ärzte lieben die Romantik.

Die Romantik war ja auch eine Zeit der Armut und Krankheit.

Die Leute hatten oft Hunger und nur eine Kerze. Dann überlegten sie, ob sie die Kerze essen sollten oder sich lieber an dem Licht in dieser dunklen Zeit erfreuen wollten, um in dessen Schein all das Elend in Gedichtform niederzuschreiben.

Heute sagt man immer, es wäre romantisch gewesen, wenn einer mal 'ne Kerze anmachte, weil man dann beim Poppen besser aussah als im Neonlicht. So ändern sich die Zeiten.

Dann drehte Helge plötzlich einen Kurzfilm. Ich bekam die zweite Hauptrolle als prinzessinnenähnliche Freundin von ihm selbst, der einen kleinen Ganoven spielte, der natürlich im Hotel Handelshof wohnte, mit einem Koffer voller Geld auf dem Hotelbett und einer grinsenden Wasserleiche in der Badewanne, die wiederum von Kalle Mews dargestellt wurde, der aussah wie der ertrunkene Mönch in ‹Der Name der Rose›. Im Film fahren wir dann vergnügt zu einer Pommesbude und essen Pommes.

Der Originalbesitzer der Pommesbude, er wurde in Mülheim ‹Schmutzfuß› genannt, machte seinem Namen alle Ehre.

Die Tomatensoße war handhoch verschimmelt! Peter Thoms spielte als Ballerina verkleidet die Bedienung und flippte total aus, als Uwe Lyko und ein Dudelsackspieler reinkamen und als Musikstudenten auch noch Geld für den Dudellärm haben wollten. Schließlich sagte Helge: «Jetzt ist aber bald Feierabend!» und schoss in die Luft. Da war der Film fast zu Ende. Denn ganz zum Schluss verlasse ich ihn noch und laufe davon. Weiber.

Der Film hieß ‹Stangenfieber›, es kam aber keine einzige Stange darin vor, und Fieber hatte auch keiner.

Helge hatte einen Freund, der hieß Christoph Schlingensief.

Der machte bei diesem Film die Kamera. Christoph machte aber auch selber Filme, und Helge sollte dazu die Musik aufnehmen.

Irgendwann gingen wir in Mülheim in ein Tonstudio an der Ruhr.

Dort lebte ein langer Mensch, der ungefähr aussah wie Frank Zappa von weitem, wenn man den nicht so genau kennt.

Es entstanden viele lustige Lieder, und ich sang ‹Paris, Paris›, ‹Ratapuff› und ‹Nimm's nicht so schwer›, ein sehr schönes trauriges Lied über die Pubertät, das Trost spenden sollte.

Immer, wenn wir irgendwie müde wurden, überraschte uns der Tonmeister mit akrobatischen Einlagen. Er machte richtige Stunts, riss die Tür auf und schmiss diverse Schaufensterpuppen in den Aufnahmeraum.

Beim nächsten Mal riss er die Tür auf und warf sich selbst der Länge nach auf den Boden.

Wir waren durch den Schreck hellwach geworden und

konnten weiterarbeiten. Der Tonmeister hatte nach solchen Nächten überall Hämatome am Körper, und die Aufnahmen wurden richtig gut.

Später kamen noch mehr Lieder dazu wie ‹Liebe ist nicht peinlich› oder ‹Vagabund› von Eddie Constantine.

So wurde ich mit diesen Liedern fester Bestandteil in Helges Show, die lokal recht erfolgreich war. In Duisburg zum Beispiel kamen bestimmt vierzig Leute in das kleine Jugendzentrum, und in dem alten Kino waren es auf einmal sogar zweihundert. Wir gingen richtig auf Tournee: Duisburg, Oberhausen, Bochum, Dortmund, Paderborn, Osnabrück, Steyerberg, Bremen …

Kalle Mews als Schlagzeuger, Herbert Knebel als Uwe Lyko und Dieter Stein mit Kontrabass kamen mit.

Helges Programm ‹Seine größten Erfolge› war noch total unbekannt.

Er machte dort genau dasselbe wie später in den Fußballstadien, als er plötzlich so berühmt war. Aber da gab es noch kein Katzenklo und noch keinen Reis. Zwischen den Liedern gab es dafür so richtig absurde Schmierenkomödien auf der Bühne zu sehen. Helge saß am Klavier und schrie und stöhnte vor Schmerz und Verkrampfung, während er sich an einer Fuge von Bach verspielte und sie in Fetzen zerlegte.

Dann kam von hinten in Zeitlupe Uwe Lyko und schlich sich an den Bachfugen stümpernden Pianisten ran, holte mit seinem Beil ganz weit aus, zu weit, verlor an dem entscheidenden Punkt das Gleichgewicht und fiel hintenüber. Das wiederholte sich bestimmt fünfmal. Es war sehr tragisch.

Schließlich gab er auf. Applaus, nächste Nummer.

Manchmal klatschte auch keiner, und die peinliche Stille verlieh der Nummer noch mehr Ausdruck.

«Mein Gott, ist der Stuhl heute wieder glatt», schrie Helge, nachdem er immer wieder ebenfalls in Zeitlupe von dem roten Kunstledersessel gerutscht war.

Dann wurden die schönen Lieder gesungen.

Bei der Textzeile ‹Nackte müssen wandern› in dem Lied ‹Paris, Paris› rannten Kalle und Uwe so sekundenschnell nackt über die Bühne, dass man gar nichts sehen konnte.

Zum Abschluss gaben wir eine Freejazz-Einlage.

Ich schrie in den höchsten Tönen, wurde mitten im Gesang von Helge erschossen, und Uwe schulterte mich schließlich und trug mich von der Bühne.

Einmal saßen in einer riesigen Halle nur fünf Leute. Als das Konzert vorbei war, wurden die Türen für die anschließende Discoveranstaltung aufgemacht, und Hunderte von

Menschen drängten sich hinein. Mit Mühe versuchten wir, die Instrumente rauszuschleppen, und die Leute waren richtig sauer auf uns, weil wir so gegen den Strom schwammen. Aber so war es nicht oft.

In den meisten Läden war es voll, und die Stimmung war gut, denn da kannten sie Helge schon und wussten, was auf sie zukam.

In meiner Wohnung übte ich zu den Aufnahmen von Billie Holiday und vergaß alles um mich herum. Auf der Straße sah ich manchmal einen jungen Mann in das Nachbarhaus gehen, der mir hasserfüllte Blicke zuwarf.

Jahre später kam er nach einem Konzert zu mir und gestand mir seinen Hass, denn meine Singübungen hatten ihn arg strapaziert.

Er gab dann aber zu, nicht traurig zu sein, dass er mich damals doch nicht erschlagen hatte, weil er nach einer Weile gern zugehört hatte und sogar seine Musik ausmachte, um mich besser zu hören. Peinlich.

Ich kann mit Komplimenten überhaupt nicht umgehen.

Entweder, man bedankt sich und wirkt dadurch am Ende arrogant, oder man schwächelt alles ab, indem man sagt, ach nein, das war doch gar nicht so gut.

Unter mir wohnten zwei alte Schwestern, die vollkommen bekloppt waren. Als die Italiener mal auf der Straße an ihrem Auto bastelten und dabei das Radio laufen ließen, haben die Schwestern so heftig mit den Türen und Fenstern geschlagen, dass eine Scheibe rausfiel.

Da kam sogar die Polizei, weil die Schwestern behaupteten, weil sie ihren eigenen Schaden nicht bezahlen wollten, hätten die Italiener einen Schraubenzieher in das Fenster geworfen. Die Glasscherben lagen aber auf der Straße, also waren sie selber schuld.

Einmal ist mir meine Lieblingsteekanne heruntergefallen und zerbrochen, da haben die Schwestern wieder mit allen Fenstern und Türen geknallt, um auszudrücken, dass sie sich gestört fühlten.

Die waren ja auch wirklich ganz schon gestört.

BONANZA

Edelkurt war jetzt die ganze Woche über mit seiner Montagsfreundin zusammen, und der große Bruder prophezeite mir, ich würde von nun an total abstürzen und kaputtgehen, weil ich ihm einen Korb gab.

Also ging ich von nun an besser gar nicht mehr dorthin.

Stattdessen fuhr ich jeden Morgen fleißig mit dem Siebenuhrzug in diese konservative Fachoberschule für Gestaltung nach Duisburg, verbrachte meine Freizeit mit Singen und Malen und erstellte eine Mappe, mit der ich mich an den Kunstakademien bewerben wollte.

In meiner Klasse war auch ein Mädchen, Ruth, mit unheimlich großen Augen. Wir beschlossen, zusammenzuziehen.

Komischerweise hatte sie für uns eine Wohnung mit Blick auf den alten Waldfriedhof in Duisburg gefunden. Für mich bedeutete das also keine Umstellung. Also ließ ich Oberhausen hinter mir und wurde Duisburgerin.

Die Wohnung war ein Anbau aus der Nachkriegszeit, hastig aufgebaut für die bucklige Verwandtschaft aus dem Osten.

Vorne, im eigentlichen Haus, wohnte Frau Packschiss, eine alte Schwerhörige mit locker sitzendem Gebiss. Die kam nachmittags in den Garten, der recht groß und völlig verwildert war. Dort sprach sie wegen des locker sitzenden

Gebisses und der Schwerhörigkeit eine Sprache, die anfangs nur Ruth verstand und für mich übersetzte. Für uns hieß sie Prinzessin Packschiss, was sehr schmeichelhaft klang.

In Duisburg sang ich mit der Band meines Vaters beim UZ-Pressefest und bewunderte eine Zigeunerband, die nach uns auftrat. <Zigeuner> darf man ja eigentlich nicht sagen, aber die haben sich selbst so genannt. Der Akkordeonspieler holte mich auf die Bühne und bat mich, noch einmal <All of me> zu singen. Das tat ich.

Anschließend tauschten wir die Telefonnummern, und ich verabredete mich mit dem Akkordeonspieler, der mich tatsächlich mit seiner Gitarre besuchen kam. Er spielte alles in allen Tonarten nach Gehör.

Wir verbrachten musizierenderweise den ganzen Nachmittag.

Es störten uns keine alten Schwestern mehr, die mit den Türen schlugen, nur die schwerhörige Prinzessin Packschiss saß in ihrer Wohnung über uns, vor ihrem voll aufgedrehten Fernseher.

Als es dunkel wurde, sprang der Roma-Musiker plötzlich auf, denn er erspähte die Grabeslichter vor dem Fenster und wurde gewahr, dass er sich direkt neben einem Friedhof befand.

Mit einem Mal stieß er hysterische Schreie aus, packte hektisch seine Sachen ein und stürzte aus dem Haus, weil er so große Angst vor den Geistern hatte. Leider war damit die Zusammenarbeit beendet, denn für ihn war ich sicherlich schon längst von den Geistern behext worden.

Ich fühlte mich dort aber richtig wohl.

Ruth und ich wollten meinen Einzug feiern und gaben ein Fest.

Idealistisch wie ich war, lud ich alle Leute ein, die ich kannte, denn ich war sehr glücklich: Es war Sommer, ich hatte eine nette Freundin, wohnte in einem südländisch anmutenden Haus mit wildem Wein im verwilderten Garten, inklusive einer alten Prinzessin. Ich ging zur Schule, machte Musik und hatte neue Freunde gefunden.

Ruth hatte auch kräftig eingeladen, und die Party sollte sehr lustig werden. Neben fünfzig anderen kam sogar Edelkurt mit seiner neuen Montagsfreundin und brachte den großen Bruder mit.

Alle waren gut drauf, und wir haben Tanzraten gespielt.

Das hatten Ruth und ich uns mal ausgedacht: Man muss einen Begriff aus einem Hut ziehen und diesen dann tanzen, zum Beispiel Banane oder Ananas, aber auch Steuererklärung, das dauerte dann manchmal länger.

Wer den Begriff erraten hatte, war als Nächstes dran. Ich hab ganz schön viel getanzt auf dieser Feier. Christoph Schlingensief spielte Akkordeon, und wir hatten jede Menge Spaß. Der harte Kern harrte, bis es hell wurde, bei einer Küchensession aus, und man sang mehrstimmig Seemannslieder. Dann brachte ich allen <Oh Ma-ri-ha-ha-na> bei, und wir sangen inbrünstig wie der Fischerchor bei Jerko.

Am frühen Morgen wurde ich müde und suchte mein Bett auf. Dort lag aber nun Edelkurt, obwohl es Sonntag war, mit seiner betrunkenen Montagsfreundin.

Also ging ich die steilen Stiegen nach oben und setzte mich auf Ruths Bett, in dem ein betrunkener, aber hochbegabter Bluessänger seinen Rausch ausschlief. Er trug die Schneidezähne eines Nagetiers und war sehr lustig, obwohl er Bluessänger war.

Plötzlich öffnete sich die Tür, und der große Bruder kam

mit Anlauf auf mich zugeschossen, wobei er die rechte Faust gestreckt wie ein Rammbock auf meine Nase ausgerichtet hielt.

Mit voller Wucht traf er mein Nasenbein und zerschmetterte es.

Bevor er einfach wegging, sah er sich völlig verstört in dem Zimmer um, denn durch die Wucht des Schlages war mein Nasenbein gebrochen und irgendeine Ader geplatzt. Das Blut spritzte gegen die weiß getünchten Wände und auf den weiß lackierten Fußboden, was dem Raum eine gewisse Schlachthausatmosphäre verlieh.

Das hatte früher bei den Schlägereien bei <Bonanza> im Fernsehen anders ausgesehen. Nun befand er sich eher in einem Horrorfilm.

Ich fing mechanisch an, sauber zu machen und meine blutverschmierten Sachen auszuziehen.

Ich sah aus wie Carrie, nachdem sie mit Schweineblut übergossen worden war.

Der große Bruder sah mich an und ging völlig entsetzt weg, um sich eine neue und diesmal eigene Freundin zu suchen.

Und zwar die Schwester von Edelkurts neuer Montagsfreundin.

So klein kann die Welt sein.

Der hochbegabte Bluessänger fühlte sich auch wie in einem Film, als er die Augen öffnete. Ich schlief ein paar Stunden und wurde zum Arzt gebracht. Das Nasenbein war zwar sauber gebrochen, aber mein Gesicht war eine konturenlose Fläche, völlig zugeschwollen.

Scheiße, dachte ich, denn ich hatte in drei Tagen einen Auftritt mit meinem Vater, und ich brauchte das Geld.

Also habe ich gekühlt wie ein Weltmeister. Nach drei

Tagen ging die Schwellung zurück, aber mein Gesicht verfärbte sich blauviolett.

Unter einer ganz dicken Schicht Schminke sang ich den ganzen Abend Blues und fühlte mich authentisch.

Der betrunkene Bluessänger wurde mein Freund, denn er war ein begeisterter Cineast und lebte in einer Art Filmwelt.

Da passte ich zu dieser Zeit hervorragend hinein.

ÜBERLEBEN

Einmal die Woche fuhr ich mit dem Zug nach Marl und probte dort mit einer alteingesessenen Jazzband im Keller eines pensionierten Ingenieurs, der Tenorsaxophon spielte. Der Schlagzeuger hatte früher Bill Ramsey begleitet, und der Kontrabassist war der Arzt der Band.

Das war gut so, denn der Pianist war Musiker, und die sind oft nicht krankenversichert.

Er hieß Heinz Oelmann und war ein alter Musikerkollege von meinem Vater. Mit ihm zusammen hat mein Vater sogar mal Juliane Werding begleitet, die auf einer Gewerkschaftsveranstaltung das Grabeslied von Jonny Kramer vorgetragen hatte.

Im Keller meines Vaters hat er mich dann gefragt, ob ich Lust hätte, im Keller des pensionierten Ingenieurs mit seiner Band zu proben.

Zuletzt hatte das eine Silvia Droste gemacht.

Die hab ich sogar später im Fernsehen als sehr elegante Sängerin und Jazzmoderatorin gesehen. Darum hatte sie auch keine Zeit mehr für diese Kellerband.

So kam ich von einem Keller in den nächsten.

Ich weiß noch, als ich zum ersten Mal in Marl ausstieg, landete ich auf einem Spielplatz. Hier sollte ich abgeholt werden.

Als die älteren Herren mich auf der Schaukel haben

schaukeln sehen, haben die bestimmt gedacht, der Heinz wollte sie verschaukeln und würde jetzt Kindermusik machen ...

Dann, nach Wochen, folgten Auftritte. Wir spielten in Burgen, Kasinos und Hotels. Die Band hatte ihre Adressen.

Ich selbst hab im <Bahnhof Süd>, einer Szenekneipe in Essen, und im <Café Steinbruch> in Duisburg einen Auftritt mit uns organisiert. Wir klangen ganz alt und authentisch. Ich auch.

Allmählich fühlte ich mich so. Irgendetwas stimmte nicht mit mir.

Ich trug nur noch Handschuhe, denn meine Finger schwollen zu unglaublichen Klauen an. Ich war nicht mehr in der Lage, einen Stift zu halten, und konnte in der Schule nicht mitschreiben.

Dann wurde ich krank. Nierenbeckenentzündung. Aua.

Außerdem war es Winter, und ich hatte kein Holz. Ruth hatte Holz von ihrem Vater bekommen. Der hatte sich richtig viel Mühe gegeben und alles klein gesägt.

In meinem Zimmer dagegen lief irgendwann tatsächlich das Wasser die Wände herunter, denn der alte Bau hatte jahrelang leer gestanden.

Ich sammelte Holz im Wald, aber es war zu nass und musste erst noch getrocknet werden. Nur, wo sollte ich es trocknen in der feuchten Bude?

Da lieh ich mir von Ruth die drei Katzen, denen es draußen auch zu kalt war, stopfte sie mir unter mein feuchtes Federbett und konnte tatsächlich in dieser Eishöhle schlafen. Der Künstler Beuys hatte sich damals im Krieg mit Fett und einer Filzdecke gerettet. Diese Materialien kamen immer wieder in seinen Arbeiten vor. Sollte ich mal Kunstobjekte herstellen, müsste ich irgendetwas mit Katzenfellen machen.

Als ich wieder gesund wurde, war das Schuljahr gerade zu Ende, und ich versemmelte schnell noch die Prüfung. Ich brauchte dringend Geld, denn nun war meine Ausbildung beendet, ich bekam keinen Unterhalt mehr und war auch nicht mehr krankenversichert.

Immer wieder las ich die Stellenangebote in der Zeitung und probierte allerlei aus. Da stand dann etwa «Leichte Tätigkeit in der Produktion».

Ich fuhr mit der Bahn, wie ich am Geruch feststellen sollte, zu einer Fettschmelzerei.

Man konnte nämlich bei günstigem Wind schon eine Haltestelle vorher riechen, was da auf einen zukommen würde.

Der Betriebshof war voller stinkender Tierhäute. Haufenweise aufgetürmt. Und ständig kamen Lkws mit neuen, die genauso stanken.

Es war der Pesthauch der Hölle.

Die Arbeiter taten alle so, als wäre nichts. In den Pausen wurden Brote ausgepackt und ganz normal Kaffee getrunken.

Die alten Fettschwarten und Häute wurden geschabt und in riesigen Kesseln eingeschmolzen. Daraus wurden dann Meisenknödel gegossen. Ich saß am Fließband und packte die Knödel in Kartons.

Ein schöner Beruf.

Nach ein paar Tagen blieb ich zu Hause, um mit dem Aasgeruch, der in meiner Nase klebte und beim Duschen nicht wegging, die Stellenangebote zu lesen: «Garantiert bis zu dreitausend Mark monatlich, Kundenkreis erweitern!»

Mein Gott, so viel Geld! Oder war das ein Puff? Ich wollte es wissen, also rief ich an. Ich war einfach neugierig, und als ich erfuhr, dass es sich um die Kundenbetreuung einer Staubsaugerfirma handelte, machte ich sofort einen Termin.

Ein muffeliger und wortkarger Mann Ende fünfzig mit Halbglatze fuhr mich unwillig mit seinem Wagen in eine wohlsituierte Vorstadtgegend, wo er mich in diesen Beruf einweisen sollte.

Dazu hatte er wohl keine Lust, denn er sprach kein Wort mit mir.

Artig standen die kleinen Häuser mit den Garagen und den ordentlichen Vorgärten an der Straße. Hinter den individuell gestalteten Türen wohnten all die Frauen, die die Töpferkurse bei der lieben anthroposophischen Frau besucht hatten. Das erkannte ich an den getöpferten Sommerhüten mit Blumenschmuck, die an den Türen angebracht waren. Und in der Diele hing auch schon der getöpferte Briefumschlag, gefüllt mit der Tagespost.

Die Frauen waren den ganzen Tag im Eigenheim und warteten dort mit dem Essen auf den Gatten, der spätabends nach Hause kam, weil er Überstunden machte für das Haus und den Zweitwagen.

Mit ihren quäkenden Leierstimmen drückten die Frauen die Langeweile in ihrem Dasein aus, die nur unterbrochen wurde, wenn sie mit dem Zweitwagen bei der anthroposophischen Frau Ton-Hüte kneteten oder aber wenn der rüstige Staubsaugermann kam.

Der Mann wurde sehr freudig empfangen, denn er war sehr beliebt. Die Frauen konnten nämlich für ihre superteuren Staubsauger im Geschäft keine Beutel kaufen und waren völlig von ihm abhängig. Wenn er kam, stürzten sie sich auf ihn wie Junkies auf ihren Dealer.

Und er nutzte die Gelegenheit und zeigte ihnen ein neues Gerät, das noch besser war als das alte.

Die Sauger hatten auch so tolle Namen wie Vampir, Panther, Tiger oder Kobold. Um sie zu überzeugen, machte er den Frauen einen Teppich sauber. Dabei sagte er zwinkernd zu den Frauen: «Da saugen Männer auch mal gern!»

Man konnte richtig sehen, wie sexy die Frauen den Mann fanden, der da saugte. Wir gingen von Haus zu Haus, verkauften aber nur Beutel, und der Mann machte noch ein paar Teppiche umsonst sauber, wobei er die Phantasien der frustrierten Hausfrauen mit frischen Inspirationen bereicherte.

Das war nichts für mich. Außerdem wollten die Frauen einen Mann am Sauger.

Um die Miete zu bezahlen, jobbte ich in einer griechischen Pommesbude. Die griechische Frau saß hochschwanger hinten in der kleinen Küche und schnibbelte Weißkohl. Für sie stand ich nun im Laden an der Fritteuse.

Bald konnte ich ganz gut Pommes machen und wurde langsam locker. Es fing an, mir Spaß zu machen.

Der Laden war voll, und ich war schnell, gelenkig und gut gelaunt. Ich pfiff sogar. Der griechische Mann von der schwangeren Frau konnte das nicht ertragen, denn er war ein ernster, verbissener Mensch, der seine griechische Lebensfreude irgendwo in Duisburg, wahrscheinlich auf dem Finanzamt, verloren hatte, weil dieser Ort für einen Griechen besonders schlimm ist. Er zischelte mir zu: «Nicht pfeifen!»

Ich zuckte mit den Schultern und sah entschuldigend zu dem Gast rüber. Der Gast sagte dann leider: «Ist doch schön, lassen Sie sie doch!», also pfiff ich noch ein bisschen weiter. «Fly me to the Moon … »

Da wurde mir leider gekündigt, weshalb ich nun die Miete nicht mehr bezahlen konnte und daher auszog.

Duisburg, auf Wiedersehen.

‹CLUB '69›

Ich verbrachte sowieso sehr viel Zeit in Mülheim.

Vom Bahnhof zur Ruhr, wo es sehr schön ist, waren es nur zehn Minuten zu Fuß. Und unterwegs konnte man im Eiscafé Agnoli lecker Kaffee trinken und merkwürdige Menschen kennenlernen, die hier scheinbar den ganzen Tag verbrachten und nur mal eben schnell nach Hause gingen, um zu schlafen.

In der noch dörflich strukturierten Stadt war man entweder um drei Ecken miteinander verwandt oder wenigstens in derselben Jahrgangsstufe gewesen. Alle machten irgendwie Kunst, waren Fotografen, Regisseure oder Musiker und fuhren Taxi, um zu malen oder Musik zu machen, oder sie wussten noch nicht so genau, was sie machen wollten, so wie ich.

Man saß in dem Eiscafé verstreut zwischen den Ommas mit Enkeln und den Oppas mit Zigarre, die dort Eisspeisen verzehrten.

Alle gaben an, wegen der Ommas zu kommen, weil das so eine Atmosphäre sei. Helge war hier, weil Eduscho keine Sitzplätze mehr anbot.

Bei Eduscho waren früher nur Ommas und Oppas gewesen, und dann kamen junge Leute und lachten laut und rauchten viel bei nur einer Tasse Kaffee. Um die Freaks loszuwerden, schaffte das Eduscho-Team die Sitzplätze einfach ab. Seit die dort nur noch Stehplätze hatten, kamen die

Freaks, die Künstler, aber auch die Ommas und Oppas alle in die Eisdiele, und bei Eduscho war tote Hose.

In dem Eiscafé traf ich auch Christoph Schlingensief wieder.

Er plante gerade ein Privatkino in der angemieteten großen Garage seiner Wohnung in Mülheim. Das Programmkino in Mülheim hatte dichtgemacht. Er wollte nun einen privaten unkommerziellen Filmclub gründen, und ich sollte das Kinovorprogramm performen und Getränke verkaufen.

In der Garage hatte er etwa vierzig ganz billige Klappstühle untergebracht und ein paar Filmplakate aufgehängt. Ein kleiner Tisch mit Naschereien und Getränken zu Clubpreisen stand auch schon für mich bereit. Es gab einen winzigen Vorführraum, in dem Christoph und das uralte Vorführgerät Platz fanden.

Am Eröffnungswochenende kamen bis zu hundert Leute in die Vorstellungen geströmt, um Russ Mayers ‹Satansweiber von Tittfield› zu sehen. Es war proppenvoll, wir mussten auch nach der zweiten Vorstellung viele Leute nach Hause schicken und beschlossen darum, die Sache jeden Freitag und Samstag zu veranstalten.

Unter den Gästen waren auch viele Schauspieler, zum Beispiel Udo Kier, der in Hollywood arbeitete. Er gab sogar seine Technopremiere als Sänger mit dem Lied ‹Oh Maria ohne Sünde hilf uns in der schweren Stunde!› zum Besten.

Auch Alfred Edel kam oft zu Besuch, ebenso eine Gräfin mit echten Doggen. Ein glatzköpfiger Staatsanwalt, der in Christophs Film ‹100 Jahre Adolf Hitler› mitgespielt hatte, kam mit seiner Frau. Alle saßen auf den extrem billigen Klappstühlen, die unter großem Hurra ständig zusammenbrachen. Ich verkaufte Getränke und hatte mir passend zum Film einen Atombusen aus Wollstrumpfhosen gebastelt, der für Bewunderung sorgte, weil alle, die mich nicht kannten, dachten, der sei echt.

Sogar die Bild-Zeitung war da, denn Christoph hatte für seinen nächsten Film eine Anzeige aufgegeben: Er suche nach extrem dicken, dünnen, kleinen und großen Menschen. In der Bild-Zeitung war am nächsten Tag tatsächlich ein riesiges Bild von mir und meinem Wollstrumpf-Atombusen.

Auf die Anzeige hatte sich eine extrem kleine Ingrid aus Essen gemeldet, eine ältere Frau mit hervorragendem Kinn, die nun Filmstar werden wollte und Christoph nicht mehr von der Seite wich. Egal, was er sagte, sie sagte nur: «Ganz genau!»

«Ingrid, du störst, geh doch mal zur Seite.»

«Ganz genau!», kam die Antwort.

Als Vorprogramm konnte ich machen, was ich wollte.

Ich stellte lustige Musikkollagen zusammen und verkleidete mich passend zu den Filmen. Zu dem Dinosaurierfilm ‹Eine Million Jahre vor unserer Zeit› mit Raquel Welch kam ich als verwirrte Höhlenbarbie mit Fackel und tanzte archaisch zu wilden Trommelrhythmen, die unterbrochen wurden von Peter Alexander mit seinem Lied «So was wie dich gibt's nur einmal, Mädchen, ich lieb dich sehr.»

Ingrid schrie: «Ganz genau!»

Ein toller Erfolg.

Jedes Wochenende ein neuer Film. Ich war ganz schön kreativ und war mal Drogenfrau oder Außerirdische, Funkenmariechen oder sogar Mutter Courage, als die Mauer fiel. Auch ein schöner Beruf.

Geld gab es kaum, denn das war richtige Kunst. Das werden alle bestätigen, die dabei sein durften.

Der hochbegabte Bluessänger nahm mich vorübergehend auf. Er hatte eine kleine Wohnung, und auf dem Wäschespeicher konnte ich meine Möbel lassen. Leider bekam er Zahnschmerzen, die er mit Whisky betäubte, weil er Angst vorm Zahnarzt hatte. Dann war er so betrunken, dass er die Musik bis zum Anschlag aufdrehte und ständig die Polizei kommen musste.

Dabei schrie er euphorisch aufjaulend die Namen der elektronisch verstärkten Musiker «Johnny Winter!» oder «Steve Ray Vaughan!» und warf seine leeren Flaschen in den Hof, wo sie im Sandkasten landeten, um mich als Frau und potenzielle Mutter damit zu provozieren.

Das alles wäre gar nicht so schlimm gewesen, aber irgendwann nahm er vollkommen betrunken meine Jazzplattensammlung und machte sich daran, sie durchzuhören.

Als ich nach Hause kam, lagen die Platten auf dem Boden, und er fuhr mit dem Bürostuhl lachend darauf herum, während er in den höchsten Tönen kreischte: «Die sind doch total bekloppt mit diesem Jazz!» Da wurde es mir zu bunt.

Ich verließ auf der Stelle mit meinen Platten die Wohnung, zog heimlich auf den Speicher zu meinen Möbeln und machte Pipi in einen Eimer.

Der hochbegabte Bluessänger bemerkte gar nicht, dass ich heimlich über ihm wohnte. Die netten Nachbarn haben mir aber freundlicherweise zur Eimerentsorgung ihre Toilette zur Verfügung gestellt. Die Leute in dem Haus hatten übrigens wegen des Lärms nie die Polizei angerufen.

Das war ein Mann, der fünf Häuser weiter in der Seitenstraße wohnte, wo es hineinschallte. Der hatte sich sogar die Mühe gemacht, ein großes Paket mit einer Doktorarbeit über die gesundheitlichen Folgen von Lärmbelästigung in den Briefkasten des Bluessängers zu legen.

So sauer war der.

In dem Haus selbst wohnten jedoch nur harmlose tolerante Freaks und taxifahrende Künstler, die den Bluessänger alle für hochbegabt hielten und sich nur wunderten, dass der gar nicht berühmt wurde.

Die brauchten den Speicher auch nicht für ihr bisschen Wäsche, weil sie als Junggesellen nicht so viel zu waschen hatten.

Ich schlief auf einem alten Sofa im Schlafsack und fühlte mich mit meinen Möbeln auf dem Wäschespeicher fast wie zu Hause. Und langsam wurde es wärmer.

VON NUN AN GING'S BERGAUF

Mit mir ging es wieder bergauf, und außerdem hatten die älteren Herren mit einem Mal eine Reihe von Auftritten. Ich wühlte auf dem Speicher in den Säcken mit meinen Kleidern und verließ außerordentlich elegant das Haus, um in eleganten Hotels, auf Geburtstagen und Empfängen in Schlössern und Burgen und in großen Kasinos singend Geld zu verdienen.

Anschließend saß ich stundenlang auf irgendwelchen Bahnhöfen rum und wartete auf den ersten Zug nach Mülheim, denn ich hatte weder Auto noch Führerschein, und die älteren Herren wohnten in alle Richtungen zerstreut. Manchmal kam die Bahnhofspolizei, um die Penner zu verjagen, denn dort durfte man sich nachts nicht aufhalten.

Ich sagte, ich sei Sängerin und nicht Pennerin.

Das war für die kein Unterschied. Also lief ich mitten in der Nacht wie der kleine Häwelmann durch die fremde Stadt und versuchte irgendwie, die Zeit totzuschlagen.

Leider trifft man zwischen ein und vier Uhr morgens nur Säufer und Bekloppte, und ich fühlte mich manchmal schon etwas einsam.

Ich war trotzdem froh, nicht dazuzugehören.

Manchmal traf ich aber auch interessante Leute, und man kam ins Gespräch. Das wäre niemals passiert, wenn man sich tagsüber in der Stadt getroffen hätte, weil man dann mit Sicherheit aneinander vorbei gelaufen wäre.

Im Morgengrauen kam ich endlich in Mülheim an.

Ich ging auf den Wäschespeicher, setzte mich auf das alte Sofa und hörte noch ein Weilchen den hochbegabten Bluessänger «Johnny Winter!» und «Steve Ray Vaughan!» schreien.

Er hatte schon wieder vollkommen euphorisiert die Musik dieser von ihm verehrten Interpreten bis zum Anschlag aufgedreht und kein Ende gefunden, denn er freute sich nach einer Flasche Whisky über die Betäubung seines Zahnnervs.

Dann kam die Polizei, und ich hörte plötzlich die Vögel singen, die an diesem Morgen auch alles gaben, aber unverstärkt gegen die laute Unterhaltungselektronik nicht ankommen konnten.

Es wurde Herbst, und auf dem Speicher zog es wie Fischsuppe vom Hecht.

Inzwischen war ich fast dreiundzwanzig Jahre alt geworden und konnte dank meiner Lebenserfahrung schon ganz gut Blues singen.

Aber zu viel Blues ist auf Dauer auch nicht gut.

Ich brauchte Ruhe.

Die fand ich dann auch endlich in einem großen, alten, nicht renovierten Haus, das neben einer gigantischen Platane, die mit ihren Zweigen ein Dach über der Straße bildete, von außen ziemlich heruntergekommen wirkte.

Im Parterre lebten Portugiesen in einer Kneipe, die sie als Kulturverein tarnten. Das roch nach Straßenfest mit gegrillten Sardinen und war ganz schön laut. Die kommen alle vom Dorf und dann schreien die so, klagte der portugiesische Vereinsvorsteher, der draußen vor der Tür rauchte, weil die drinnen mit ihren portugiesischen Bellstimmen über Sport oder Kartoffelpreise diskutierten.

Als ich in die riesige Eingangshalle mit der Freitreppe kam, wusste ich noch nicht, dass ich hier die nächsten Jahrzehnte damit beschäftigt sein würde, den bröckeligen Prachtbau zu verspachteln, damit er nicht völlig verrottete, denn das Haus stand unter Denkmalschutz und der Vermieter traute sich wohl nicht, es zu renovieren. Vielleicht aus Angst, dass es zusammenstürzen könnte und er dann Strafe zahlen müsste.

Jedenfalls war ich begeistert und zog sofort ein.

Endlich konnte ich meinem Vater wieder eine Telefonnummer sagen, denn er hatte mich monatelang nicht erreichen können.

Seit die Mauer gefallen war, lachten die Leute nicht mehr über seine Karikaturen gegen die Missstände des Kapitalismus.

Nun war die Ex-DDR furchtbar gewesen und der Kapitalismus dagegen ein Segen.

Also malte er wenigstens die kaputte Landschaft des Ruhrgebiets in Caspar-David-Friedrich-Manier und griff zum Flügelhorn, denn auch er war politisch irritiert, wie wir alle eigentlich.

Die Leute, die so glücklich und erleichtert mit Bananen in der Hand in den Westen kamen, wussten da ja noch gar nicht, dass sie Arbeitslosigkeit und Hartz IV und solche Dinge erwarteten.

Und die Ostmütter wussten auch noch nicht, dass sie hier keine Kindergartenplätze kriegen würden und zu Hause bei ihren arbeitslosen Männern saßen, die wenigstens ab und zu einen Ein-Euro-Job machen durften, um mal mit Menschen in Kontakt zu kommen und sich etwas sinnvoll zu fühlen.

Bis sie das alles merkten und über den Kapitalismus wieder lachen wollten, sollte noch eine Weile vergehen.

Wir machten also wieder zusammen Musik, aßen Kuchen und hörten dazu die Aufnahmen der Konzerte. Wie immer.

In dem Haus fand ich nach längerem Suchen auch einen Mann mit Bernhardinerdame, der Schlagzeug spielte und mich schließlich heiraten wollte.

Meine kleine Schwester Laura, die inzwischen vier Jahre alt war, konnte auch wieder bei mir übernachten, und wir gingen mit der Bernhardinerdame Meggy an der Ruhr spazieren.

Die Hündin schnüffelte an jedem Baum, und Laura fragte, warum, wie Vierjährige das so fragen. Ich erklärte ihr, dass die Hunde an dem Pipi der anderen riechen, um herauszukriegen, ob der Hund ein Mann oder eine Frau ist und ob er stark und gesund ist und Babys machen will. Wie einen Brief lasen die Hunde das Pipi mit der Nase und schrieben mit ihrem Pipi oder auch mit einem Haufen zurück, erklärte ich.

Als wir abends im Bett lagen, ging die Tür auf und Laura stürzte herein. Sie drehte sich um und riss sich die Hose runter mit den Worten:

«Hier ist ein Brief für euch!» Dann ließ sie einen lauten Furz.

Da beschloss ich, Mutter zu werden.

Da ich rosa nicht ausstehen konnte, wählte ich blaue Wolle und begann sofort zu stricken. Und so bekam ich einen kleinen Jungen und wurde zu einer der größten singenden Jazzhausfrauen überhaupt (1,82 m).

Alles änderte sich.

Meine Schwester Laura wurde eine achtjährige Tante.

Und meine schwesterliche Mutter wurde zur jugendlichen Oma.

Da kam sie auch öfters mal aus Bremen mit der Eisenbahn angefahren, und wir gingen mit dem Enkelchen Teita machen und Gagacks füttern an der Ruhr.

Wir nannten den Kleinen ‹Pommes›, denn er war lang und befand sich im Ruhrgebiet.

Meine Mutter bewunderte vor allem meine Geschicklichkeit im Haushalt, wenn ich so routiniert mit den Töpfen hantierte. Aus mir sei jetzt aber auch eine richtig kleine Hausfrau geworden, meinte sie. Sie war richtig stolz auf mich.

REICH OHNE GELD

Um auf andere Gedanken zu kommen, waren wir gezwungen, das Ruhrgebiet zu verlassen. Wir mussten verreisen.

Genug Geld für ein Auto und ein Schiff hatten wir nicht, und so entschieden wir uns für ein kleines Wohnmobil.

Es war ungefähr so groß wie die kleine alte Femina.

Das Kind fand es riesig. Es hatte genau seine Maße.

Hier konnte man prima zu dritt sechs Wochen lang wohnen und Urlaub machen, dachte es.

Wir begannen, regelmäßig zusammen nach Griechenland zu reisen, und stellten unser Wohnmobil in einen privaten Garten, direkt an einer wunderschönen winzigen Sandbucht.

Der kleine Junge turnte den ganzen Tag in den Bäumen am Strand und kletterte mit den anderen Kindern über die Felsen, sammelte Seeigel unter Wasser oder aß mit uns Bioleberwurstbrote.

Meistens machte er alles in genau dieser Reihenfolge.

Wie ich damals, als Kind.

Währenddessen saß ich schön im Schatten auf meinem Campingstuhl, hörte Jazz und malte. Genauso wie damals mein Vater in Jugoslawien.

Dabei holte ich mir aber kein Muster auf dem Schinken, denn in Griechenland ist FKK für Erwachsene nicht erlaubt.

In den siebziger Jahren waren nämlich Hunderte von nackten Studenten gekommen und hatten die Strände besetzt.

Die Fischer, die auf ihrem Weg zur Arbeit waren, mussten über die Nackten klettern, um zu ihren Booten zu kommen.

Die haben ganz schön gestaunt und konnten gar keine Fische mehr fangen, so verwirrt waren sie. Damit die Fischer wieder ordentlich arbeiten konnten, um ihre Familien zu ernähren, haben die Griechen ein Gesetz gegen das Nacktsein entworfen.

Seitdem sind die Nackten alle auf der Insel Mykonos und zahlen für ihr Nacktsein dort einen Haufen Geld.

Wir trugen also Badehosen, und dafür hatten wir ganz viele griechische Freunde, die uns am Strand besuchten.

Ich malte die kleine Sandbucht, die mit ihrem seichten Wasser ein Geheimtipp für ältere Griechen war, weil die oftmals nicht schwimmen konnten. Sie standen dann in der Vormittagssonne mit ihren Sonnenhüten bis zum Hals im Wasser und unterhielten sich stundenlang.

Dabei wurden sie von mir gemalt.

Ein älteres Pärchen besuchte auch schon mal am frühen Abend zum Baden die einsame Bucht.

Die Frau hatte einen Badeanzug mit Perlhuhnmuster, wie Marias Kleid damals in Jugoslawien. Während die alte Dame im schwarzen Perlhuhn-Badeanzug langsam in das flache spiegelglatte Wasser schritt, bekam sie von ihrem Gatten ein Ständchen auf der Mundharmonika gespielt.

Das war mein Lieblingsbild! Schöner ging es doch gar nicht!

Plötzlich legte ich den Pinsel zur Seite und begann Lieder zu schreiben.

«Mein Mund, der tut singen, da geb ich all mein Feuer her!
Mein Mund, der tut singen, und tuten tut die Feuerwehr!»

Viele Jazzmusiker im Ruhrgebiet sollten vor Freude weinen,
denn ich wollte eine Band haben und meine eigenen lustigen Lieder spielen, und zwar ganz ernsthaft. In Deutschland
wurde Jazz immer sehr ernst genommen.
    Da gab es welche, die waren wie Polizisten. Die passten
richtig gut auf und merkten sich alles. Dann wurde unheimlich lange diskutiert – und das, obwohl die Musik doch so
schön frei und progressiv war!

Genau wie in dem antiautoritären Kinderladen, den ich besucht hatte, als ich noch der Kawenzmann war, wie ein Äff-
chen herumsprang, mich mit Farbe vollschmierte und dabei
von den nüchternen akademischen Erwachsenen analysiert
wurde. Die waren auch immer so ernst dabei gewesen und
haben nicht mitgelacht. Dabei waren wir doch damals auch
schon so schön antiautoritär, und wir hatten auch so richtig
frei und progressiv gespielt.
    Die fanden uns ja auch gut! Die konnten das nur nicht so
zeigen.
    Das war vielleicht einfach nur typisch deutsch.

«Mein Mund, der tut singen, und morgen habe ich frei!
Mein Mund, der tut singen, und tuten tut die Polizei!»

In Amerika dagegen gab es immer schon Jazz mit anarchisti-
schen, surrealen Nonsens-Texten, nur konnten die deutschen
Jazzliebhaber damals nach dem Krieg, als Jazz in Deutschland wieder gespielt werden durfte, noch nicht so gut Englisch. Manche sagten sogar Jatz statt Dschääzz. Wenn die das

alles verstanden hätten, die hätten sich doch bei den Konzerten kaputtgelacht, wären aufgesprungen und hätten wild und albern auf den Stühlen getanzt! Am Ende hätten sie dabei sogar noch Alkohol getrunken und Haschisch geraucht, wie das in den vielen Jazzclubs in Amerika üblich war.

Das deutsche Bildungspublikum saß dann aber mit übereinandergeschlagenen Beinen auf dem Konzertstuhl und hielt sich in konzentrierter Andacht das Kinn. Da haben sich Louis Armstrong und Dizzy Gillespie bestimmt ganz schön gewundert, als sie nach Deutschland kamen. Dafür wurden sie hier sehr respektvoll behandelt, auch das war neu für sie und entschädigte für die intellektuelle Reserviertheit des Publikums.

Jazz war in Deutschland jedenfalls eine ernstere Angelegenheit, obwohl man es vom Wort her eher mit «bekloppt» übersetzen könnte. Die echten Jazzmusiker waren auch richtig verrückt in ihrer Liebe zur Musik.

Nur sorgenfrei davon leben konnte kaum einer. So mancher drehte durch und wurde Lehrer. Oder auch Taxifahrer. Im schlimmsten Falle alkoholkranker Tanzmusiker.

Das erste Lied widmete ich darum dem Thema «Liebe und Geld». Ich schrieb eine sehnsuchtsvolle Jazzballade, mit der ich sanft, aber ausdrücklich die vehemente Abschaffung von Geld forderte, welches ich für das Elend in der Welt verantwortlich machte, ‹Reich ohne Geld›.

Wenn ich hier im Sommer am Strand unter den Bäumen saß, etwas Besuch kam, man ein leckeres Essen hatte und der Wein gut war, dann fühlte ich mich überhaupt nicht arm.

In Deutschland kam die Vermieterin im Krokodilskostüm, und der Briefkasten war mit Mahnungen vom Finanzamt gefüllt. Außerdem heizten wir unseren Jazzhaushalt mit

Kohle, so wie früher vor hundert Jahren. Wir wohnten im zweiten Stock, Altbau. Da war der Winter lang.

Aber das kühle alte Haus mit dem vollen Briefkasten war dann ganz weit weg von diesem Olivengarten, in dem ich meine Lieder schrieb und mich wochenlang reich fühlte.

Natürlich schrieb ich auch ein Kinderlied, denn der kleine Junge löcherte mich mit allerlei Fragen. Warum scheint eigentlich die Sonne?

Oder warum die Blumen blühen, warum das Meer so blau sei, wollte er wissen. Sehr gute Fragen.

Und obwohl ich aus Oberhausen kam, sagte ich nicht «Halt die Backen und laber nich!», sondern schrieb ein sehr einfaches Antwortlied mit einer etwas komplizierteren Bebop-Melodie: «Es war das Liebe Göttlein fein, drum wollen wir auch dankbar sein ... Nur dieses kleine Liedchen ist von Eva, sie ist lieb!», war dann das Ende vom Lied.

Gott schmierte nicht nur keine Stullen, er schrieb auch keine Lieder.

Das musste man alles selber machen. Fertig erklärt!

Als ich dann aus Versehen am Strand die Bild-Zeitung fand, las ich dort einen Bericht über Bischöfe, die ihre Haushälterinnen geschwängert hatten. Die Haushälterinnen schwärmten regelrecht von den erotischen Kunstfertigkeiten der Kirchenoberhäupter, und ich stellte mir nach all den Schilderungen eine ernste Frage, aus der dann sofort ein Lied wurde.

«Wo lernt ein Bischof so gut küssen?»

Ein sehr romantisches Lied. Eine einfühlsame Jazzballade, mit der ich nicht nur in der Homosexuellenszene für große Freude sorgte. Das Lied war wahrscheinlich verhext, denn es blieb brandaktuell. Ich hatte meinen ersten Evergreen komponiert.

Der liebe Gott, die gute Sonne und natürlich Mutter Natur selbst beeindruckten mich ständig. Wir lebten etwa zwei Monate jährlich unter freiem Himmel, verbrachten unsere Tage am Strand und wuschen uns aus Wasserknappheit nur unter einer Plastikflasche abends das Salz ein bisschen ab. Die Haare kämmten wir nicht, weil das wehtat. Nur wenn die Vorräte ausgingen, dann kämmten wir uns doch und gingen ins Dorf.

Alle Dorfbewohner kannten uns schon beim Namen und grüßten.

Wir schliefen bei weit geöffneten Fenstern im kleinen Wohnmobil, mal am Strand, mal an einem kleinen Hafen, oder wenn es zu heiß wurde irgendwo hoch oben in den Bergen. Meistens gab es dort auch ein Kloster mit einer großen Plastikschüssel voll puderzuckriger Loukoumi.

Loukoumi gab es dort immer zur Stärkung der Gäste.

Das sind heilige, aber unglaublich klebrig süße Geleebrocken, nach denen der kleine Junge so verrückt war, sodass wir ständig irgendwelche Klöster besuchten. Dabei fuhren wir auf dem Peloponnes unweigerlich in der griechischen Mythologie umher. Und Herkules war auch überall gegenwärtig.

Wir brauchten nur ein bisschen herumzufahren, schon machten wir automatisch ein hochkulturelles Kinderprogramm.

Ganz mutig waren wir, als wir direkt am Eingang zur Unterwelt am Kap Taineron genächtigt haben. Genau da, wo König Hades als Herrscher des Totenreichs regierte, also dort, wo der Höllenhund Kerberos die toten Seelen mit seinen drei Nasen beschnüffelte. Genau dort, wohin Charon der Fährmeister die toten Seelen mit seinem verfaulten Binsenkahn brachte, damit sie von dem Wasser des Vergessens tranken und nicht mehr wussten, dass sie gestorben waren.

Die gingen dann ganz normal arbeiten auf'm Markt!

Horror. Dagegen waren Grimms Märchen total harmlos. Trotzdem haben wir uns genau da aufs Ohr gelegt und ganz normal geschlafen. Wir waren richtig abgehärtet in der Wildnis.

Mit jedem Tag distanzierten wir uns mehr und mehr von der restlichen industrialisierten Welt und betrachteten sie zunehmend wie Außerirdische.

Wir wurden *richtig* griechisch.

Wir lebten in einem riesigen Naturschutzgebiet mit Ausgrabungsstätten, Amphitheatern und Olivenhainen. Dazwischen lagen uralte kleine Dörfer.

Keine Industrie, kein Wachstum, kein Dreck, kein Finanzamt, kein gar nichts. Nur Natur und Griechen, Fisch, Brot, Wein, Salat.

Gegen Ende der mehrwöchigen Strandaufenthalte waren wir vollkommen verwildert und trotz aller Schattenmaßnahmen dunkelbraun und so gut wie abgebrannt. Damit wurden die Lieder immer naturverbundener, und schließlich wurde ich sogar richtig afrikanisch. Denn manchmal klang afrikanisch so ähnlich wie das Kauderwelsch bei uns im fernen Ruhrpott. Darum war mir das auch so vertraut!

«*Da kommt Mutter Natur, mein Gott, wie die aussieht,*
   bah ku' ma!
Die Beine nicht rasiert und unterm Arm: so ein dicker
   Strauch!
Bah ku' ma die da! Bah ku' ma!*»

Mit diesem lustigen Lied war es mir sehr ernst. Damit demonstrierte ich gegen den amerikanischen Ganzkörperrasierkodex, der mit der Bodybuilder-Welle über die Welt schwappte. Und der wohl leider einherging mit der allmählichen Abschaffung von Natur im Allgemeinen.

Millionen von ganzrasierten Mädchen und die dazugehörigen blanken Bodybuilder verlangten nach unkrautfreien Golfplätzen überall auf der Welt. Sie wollten vollchlorierte Pools direkt am Meer.

Auf zehnspurigen Autobahnen wollten sie durch die genmanipulierte Landschaft mit ihren Jeeps und Funcars dahinrasen und auf Plastikbananen durchs Wasser reiten. Bald würde die ganze Welt so aussehen und alles, wo es noch nicht so aussah, das nannte man dann abfällig Entwicklungsland.

«Boh, voll das Entwicklungsland!»

Da baute man dann einfach eine abgeschirmte Urlaubsanlage hin, wo man nix mehr von dem Entwicklungsland mitbekam. Alles sollte am besten genau wie in der Werbung aussehen: Marmor, Plexiglas und Chrom auf sauberem Beton.

Der Rest war sowieso ekelig und konnte getrost zugebaut werden mit praktischen hässlichen Häusern, Büros, ganz vielen Straßen und Parkplätzen, Fabriken und Kraftwerken, Mülldeponien und Verbrennungsanlagen. Und dazwischen quetschte man lauter Einkaufsparadiese als Oasen der Erholung, sogar mit Yachthäfen für die Millionäre, damit die Reichen dort den Anker werfen und shoppen gehen konnten. Es gab in Deutschland mittlerweile 924 000 Millionäre. Und darunter waren wohl einige auch Yachtbesitzer, die dann auch an der Städteplanung beteiligt waren. Die Bäume nervten irgendwann nur noch, besonders wenn man einen Pool hatte. Weil der im Herbst immer mit Blättern verstopft war, kriegte man so einen richtigen Hass auf die Kackbäume.

Leider brauchte man noch ein bisschen Wald für Klopapier.

Und die Pressspanplatten für die Ikeamöbel wurden ja auch aus den Wäldern gemacht. Wie eine tapfere Armee standen die Bäume aber ordentlich in Reih und Glied auf dem Schlachtfeld und opferten sich selbstlos für ihr Land und den Export. Dafür wurden sie bereits in der Baumschule abgerichtet.

Mutter Natur hatte voll verkackt.

Diese kritischen Gedanken versteckten sich alle hinter diesem Lied.

Das Lied selbst klang dann aber überhaupt nicht mehr kritisch oder wütend, es war viel mehr was zum Tanzen und Spaß haben. Patapata!

Besonders bei Liebesliedern konnte ich meine Leidenschaft, mit Worten zu spielen, kaum zurückhalten.

> «*Ich brauch keinen Reichen in meinen Armen,*
> *wärst du der Tengelmann, fing ich zu quengeln an!*»

Meine Oma Martha hatte immer gesagt: Es kommt nicht so darauf an, *was* man sagt, sondern *wie* man es sagt. Das galt auch fürs Singen. Ich konnte meine ehrlichen Texte nach echter Liebe klingen lassen. Das kam vom Blues.

> «*Romantische Lichter, der Wirt knipst sie an,*
> *und groß ist die Wirkung, und oft ärgert man*
> *sich gemeinsam darüber ein Leben lang!*»

Es gab auch mal einen Sommer in der kleinen Bucht, da beobachtete ich einfach nur Tiere. Die Ziege hatte es mir angetan. Sie stand längere Zeit auf dem Nachbargrundstück und langweilte sich. Ihre einzige Abwechslung bestand aus den Kitzeleien einer Fliege, mit der sich das genügsame Tier vergnügte.

Ich beobachtete sie drei ganze Tage lang und übte dabei Akkordeon.

Dann schrieb ich spontan ein Lied über die glückliche Zweisamkeit des ungleichen Paares.

Das Lied wurde aber oft falsch verstanden, und man dachte, ich hätte da was Doppeldeutiges gemeint. Es entsprang aber in Wirklichkeit nur einer völlig nüchternen Tierverhaltensstudie. Ich war da ganz sachlich geblieben.

> «*Die Fliege kam und setzte sich gemütlich*
> *dahin wo das Tier am meisten roch.*
> *Die Ziege meckerte ‹zu gütig›,*
> *weil endlich mal einer auf ihr kroch.*»

Dann bekamen wir überraschend Besuch von einem jungen Pärchen aus Deutschland, das zufällig an unserem Strand gelandet war. Aber schon nach einem kurzen Aufenthalt an diesem wunderschönen Ort wollten sie ihren Urlaub abbrechen, nur um ganz schnell wieder zurück nach Deutschland zu fahren, denn es gab in dieser urwüchsigen Gegend überhaupt kein Nightlife.

> «*Salzig ist die Luft in der kleinen Bucht,*
> *wirft man Steine in des Wassers Reine.*
> *Zu kleinen Fischen ein Wellenzischen*
> *und zwei Möwen, die in den Wogen dösen.*

Am Fuß kitzeln Garnelen, am Mittag gibt's Makrelen,
unterm Ölbaum ein kaltes Bier.
Am Abend der geharzte Wein, das Leben kann nicht
  schöner sein,
die Zikade singt fürs Grillentier.

Doch zwei blutjunge Herzen, die vor Langeweile schmerzen,
wollen das alles nicht mehr sehn.
Und so zählen sie die Tage und stellen sich die Frage:
Wann können wir wieder in die Disco gehen?»

Das war die Einleitung. Darauf folgte dann ein wilder Discobeat, der einen für jede Diskotheken-Abstinenzzeit, die man auf sich nehmen musste, entschädigte:

«You don't know much – I don't know much – I need your body!»

Die Lieder lagen für mich überall am Strand herum. Ich brauchte sie nur einzusammeln und aufzuschreiben. Damit war ich beschäftigt und saß schön im Schatten auf meinem Campingstuhl, bis die Ferien mal wieder zu Ende waren.

Mit den geschriebenen Liedern fuhren wir zurück nach Deutschland.

Als Erstes gründete ich ‹Eva ihre Band› mit bekannten Jazzmusikern aus der Region, und bald erschien dann auch die erste CD ‹Reich ohne Geld›.

Ein sehr mutiger Titel.

Er bedeutet, die will nix verdienen, die hat schon alles.

Helge hatte die CD in seinem kleinen Heim-Studio produziert. Das heißt, er stellte alle Knöpfe ein, sagte «Band läuft» und legte sich als erschöpfter Produzent nach draußen unter die Pergola, um ein wohlverdientes Schläfchen zu machen, da er vorher noch den Hühnerstall umgegraben hatte.

Die Musiker und ich spielten einfach ein Lied nach dem anderen, wie bei einem Konzert.

Als das Band zu Ende war, war die Platte fast fertig. Aber dann kam noch eine Saxophon-Einlage von Helge, die auch sehr ausgeruht klang.

Den berühmten Bossa nova <The Girl from Ipanema> hatte ich umgewandelt in <Die Frau aus Castrop-Rauxel>. Da ging es nun um eine hässliche Frau, die den schönen Mann aus Ipanema nicht heiraten wollte. Der musste dann wieder nach Ipanema gehen. Zu diesem Immigrationsdrama spielte Helge einfühlsame heißblütige Töne, die wirklich unter die Haut gingen.

Abends standen wir auf den Bühnen des Ruhrgebiets und gaben Konzerte, während der kleine Junge im Wohnmobil nach einer Rückenmassage schön schlief. So wie ich damals im alten Mercedes meines Vaters.

Vielleicht sogar noch ein bisschen besser.

Morgens stand ich dann etwas gebeugt in meinem alten Bademantel an der Spüle und schüttete heißen Kakao zum Kühlen von einer Tasse in die andere. Da meine Arme so lang geworden waren, brauchte ich dafür sogar weniger Zeit als mein Vater damals.

Wie geht es dann weiter?

Es geht noch weiter: Mein Vater legte das Flügelhorn zur Seite und begann wieder, Kontrabass zu spielen. Viele Bassisten weinten, aber dafür freuten sich die Bläser. Er, der alte

Künstler, traf nach zwanzig Jahren tatsächlich die Zigarrenstimme wieder, denn sie hatte Kuba verlassen, um Reiseberichte über Kuba zu schreiben. Sonst wären es ja auch Heimatromane geworden. Sie war in Köln sogar Radiosprecherin beim WDR und hatte eine eigene Musiksendung mit vielen Studiogästen.

Völlig unbekannte, auf Kuba aber sehr berühmte Musiker, die sie aus ihrer Kubazeit alle gut kannte, wurden in ihrer Sendung vorgestellt. Das war echt lange bevor die im hohen Greisenalter dann als <Buena Vista Social Club> bei uns ins Kino kamen und auch hier berühmt wurden.

Mein Vater hörte die kubanische Zigarrenstimme im Radio und besuchte sie. Und natürlich verliebten sie sich wieder ineinander. Laura und ich bekamen sogar noch einen Halbbruder, der von Geburt an der Onkel meines achtjährigen Sohnes war.

Die Familienverhältnisse blieben für Außenstehende schwierig zu erklären, und die Erklärungen hinterließen oft ungläubige Zitronenlächelgesichter, obwohl man gar nichts erfunden hatte.

Am Ende musste ich sogar in die Schule kommen, weil die Lehrerin sich Sorgen um meinen Sohn machte, denn er hatte einen besorgniserregenden Aufsatz geschrieben.

Er schrieb, dass sein Onkel zu Besuch bei uns war. Der Onkel hatte seine Flasche ausgetrunken und danach einen Teil wieder ausgekotzt. Dann hatte er die ganze Zeit nur gepennt. Als er aufwachte, veranstaltete er ein entsetzliches Geschrei, denn er hatte sich in die Hose gekackt. Bis unter die Arme hatte der Onkel sich eingeschissen.

Das hat ganz schön …

Machen wir hier einfach mal einen Punkt.

Obwohl es jetzt erst richtig lustig wird.

Kommentar meines Vaters auf die Frage, ob es denn alles tatsächlich so gewesen sei: «Ja, das war so. Nur noch viel schlimmer!» *(Nachfolgendes Gelächter, wie bei den Dick-und-Doof-Filmen.)*

Alles was ich schrieb, entsprang meiner subjektiven Beobachtung, meiner Erinnerung und nicht zuletzt meiner kindlichen Phantasie.

Ich möchte mich bei allen Beteiligten für ihren Humor, ihre Liebe und ihr Wohlwollen bedanken und dafür, dass sie so brav mitgemacht haben. Besonders bedanke ich mich auch bei der lieben Sonne, unter der dieses Buch in Griechenland entstanden ist, und bei der Muse der göttlichen Erinnerung, die mich geküsst hat.